M000085892

30 DÍAS
PARA DERRIBAR
FORTALEZAS
EMOCIONALES

Libros de Tony Evans
publicados por Portavoz:

30 DÍAS
PARA DERRIBAR
FORTALEZAS
EMOCIONALES

TONY EVANS

EDITORIAL
PORTAVOZ

La misión de *Editorial Portavoz* consiste en proporcionar productos de calidad —con integridad y excelencia—, desde una perspectiva bíblica y confiable, que animen a las personas a conocer y servir a Jesucristo.

Título del original: *30 Days to Overcoming Emotional Strongholds*, © 2015 por Tony Evans y publicado por Harvest House Publishers, Eugene, Oregon 97402. Traducido con permiso.

Edición en castellano: *30 días para derribar fortalezas emocionales*, © 2016 por Editorial Portavoz, filial de Kregel, Inc., Grand Rapids, Michigan 49505. Todos los derechos reservados.

Traducción: Rosa Pugliese

EDITORIAL PORTAVOZ
2450 Oak Industrial Drive NE
Grand Rapids, MI 49505 USA
Visítenos en: www.portavoz.com

ISBN 978-0-8254-5674-9 (rústica)
ISBN 978-0-8254-6512-3 (Kindle)
ISBN 978-0-8254-8661-6 (epub)

1 2 3 4 5 edición / año 25 24 23 22 21 20 19 18 17 16

Impreso en los Estados Unidos de América
Printed in the United States of America

CONTENIDO

INTRODUCCIÓN

Las emociones positivas son al alma lo que los sentidos al cuerpo. Revelan cómo nos sentimos con las circunstancias de la vida.

Sin embargo, algunos son esclavos de sus emociones negativas. No solo tienen un día malo de vez en cuando; eso nos sucede a todos. Más bien, se sienten atrapados, sin salida, como si la vida misma los asfixiara. Cuando se despiertan por la mañana, no dicen: "Buen día, Señor", sino: "¡Dios mío!, otro día más". Luchan por sobrevivir, se sienten desamparados, sin esperanzas y sin ningún valor.

Uso la palabra "fortalezas", porque el enojo, la depresión, la preocupación, el estrés, la baja autoestima… son asuntos espirituales. Y debemos vencerlos espiritualmente. Si nuestra vida espiritual está bien, no seremos esclavos de nuestras emociones.

Algunas fortalezas emocionales pueden estar ligadas a causas fisiológicas, como un desequilibrio químico, pero la mayoría de ellas tienen un origen distinto: son consecuencia del pecado… del tuyo o del de otra persona. Por ejemplo, podrías estar luchando contra sentimientos de culpa, vergüenza

o remordimiento por las malas decisiones tomadas.
O tal vez hayas sido víctima de maltrato, violación,
traición o rechazo. En tales casos, las fortalezas de
temor, inseguridad o preocupación no provienen de
tu propio pecado, sino del de otros.

Las fortalezas emocionales pueden ser el resultado de lo que yo denomino "pecado atmosférico".
Esto sucede cuando el pecado ensombrece la atmósfera que nos rodea y nos afecta, participemos o no
activamente en él. Ocurre a menudo con la codicia,
la irresponsabilidad social, la injusticia, el racismo,
etc., y puede derivar en fortalezas emocionales como
el fumador pasivo puede llegar a sufrir cáncer de
pulmón. En un entorno donde abunda el pecado, es
más probable que las personas padezcan fortalezas
emocionales.

> EN UN ENTORNO DONDE ABUNDA
> EL PECADO, ES MÁS PROBABLE
> QUE LAS PERSONAS PADEZCAN
> FORTALEZAS EMOCIONALES.

Las personas esclavas de sus emociones podrían
negar la existencia del problema o recurrir a píldoras,
entretenimientos, sexo o dinero para distraerse y
no pensar en las verdaderas causas de su problema
emocional. Pero deseo ayudarte a descubrir la raíz
de lo que estás experimentando, para que puedas
vencer. Quiero mirar más allá de tus sentimientos

para que puedas descubrir y abordar las causas de tus fortalezas emocionales… y vencerlas.

Dios no te creó para ser esclavo de tus fortalezas emocionales, sino que te ha prometido una vida plena en Cristo. Jesús afirmó: "Yo he venido para que tengan vida, y para que la tengan en abundancia" (Jn. 10:10). Él no te ha llamado a vivir cada día en derrota. Quiere que sepas y confíes en que Él tiene el control de todas las cosas y que está atento a toda tu vida.

Si no estás experimentando la vida abundante que Cristo te ofrece gratuitamente, es hora de derribar tus fortalezas emocionales. Acude a Él y pídele que te revele en qué ámbitos se puede haber establecido una fortaleza emocional. Él quiere enseñarte a ver más allá de tu aflicción y a contemplar tu vida desde su posición de ventaja.

Desde donde te encuentras ahora mismo, la vida puede parecer deprimente. Sin embargo, desde donde Dios está sentado, todo está bien. Cuando vencemos las fortalezas emocionales, soltamos nuestra necesidad de entenderlo todo enseguida. Confiamos en que Dios hará un milagro de lo que parece ser un caos.

Recuerda, las emociones no piensan; simplemente responden. Están obligadas a tomar pensamientos prestados para estimular sentimientos a partir de ellos. Por consiguiente, lo que controle tu mente controlará también cómo te sientas.

Por ejemplo, si estuvieras agobiado por la preocupación y el estrés porque tus facturas se hubieran amontonado, te hubieran echado del trabajo y no vieras salida a tu caos financiero, tus emociones responderían a lo que estuvieras pensando sobre tu situación.

Sin embargo, si yo te diera un cheque por $500.000… entonces, digamos que tus emociones cambiarían por completo. Esto se debe a que tus pensamientos dictan tus emociones. Puedes vencer tus fortalezas emocionales si dominas tus pensamientos. Cuando los alinees con la verdad de Dios, serás libre. Te lo garantizo.

LAS EMOCIONES

LA BATALLA POR TU MENTE

La batalla para vencer tus fortalezas emocionales es una batalla por tu mente. Todo aquel y todo aquello que controle tu mente, controla tus emociones (y tus acciones). De modo que si estás preocupado, estresado y deprimido, es probable que estés pensando cosas que no son verdad. Por eso, el apóstol Pablo dice que no luchamos contra la carne, sino contra los ataques de Satanás a nuestra mente:

"porque las armas de nuestra milicia no son carnales, sino poderosas en Dios para la destrucción de fortalezas, derribando argumentos y toda altivez que se levanta contra el conocimiento de Dios, y llevando cautivo todo pensamiento a la obediencia a Cristo" (2 Co. 10:4-5).

De modo que no solo combatimos nuestra carne, sino también nuestra mente… y las mentiras de Satanás. Una de las estrategias favoritas de este consiste en plantar sus pensamientos en nuestra mente y disfrazarlos de los nuestros. Nosotros los aceptamos como verdad y empezamos a actuar en función de ellos. Esta es la misma estrategia que usó con Eva en el huerto cuando tergiversó la verdad de Dios y la persuadió para que pecara.

No obstante, si Satanás nos está enviando esos pensamientos pecaminosos, ¿cómo podemos ser culpables de pensar en ellos o actuar en función de ellos? La respuesta es que tú y yo somos responsables de lo que hacemos con esos pensamientos una vez que entran a nuestra mente. Por eso, el pasaje que acabamos de leer dice que debemos llevar cautivo todo pensamiento a la obediencia a Cristo.

Cuando un pensamiento entra a tu mente y te tienta a someterte a una fortaleza emocional de preocupación, duda, enojo, odio o vergüenza, tienes dos opciones. Puedes rechazar el pensamiento o puedes aceptarlo y hacerlo tuyo. Al rechazarlo, estás derribando esa fortaleza y le estás poniendo fin a ese pensamiento falso, que ya no podrá seguir dominando o corrompiendo tus emociones.

> ## Cuando el Espíritu Santo
> ### gobierna tus pensamientos,
> ### las circunstancias externas
> ### no dictan tus respuestas.

Pablo dice que nuestros pensamientos pueden ir en dos direcciones. "Porque el ocuparse de la carne es muerte, pero el ocuparse del Espíritu es vida y paz" (Ro. 8:6). En este versículo, la "muerte" es lo opuesto a la vida y la paz. Es un debilitamiento espiritual; aunque estés vivo físicamente, tu vida emocional va decayendo. Esta decadencia induce a la preocupación y la depresión, porque la carne no puede traer paz, gozo ni propósito.

Por otra parte, si pones tu mente en las cosas espirituales, tienes vida y paz, propósito y sentido, esperanza y gozo. Cuando el Espíritu Santo gobierna tus pensamientos, las circunstancias externas no dictan tus respuestas.

Por lo tanto, si quieres vencer las fortalezas emocionales, *cambia tu manera de pensar.* Para ser libre de todo aquello que te ata, rechaza los intentos de Satanás de influenciar tus pensamientos y pon tu mente en la verdad de Dios: lo que Él dice de ti y de tus circunstancias.

TU IDENTIDAD EN CRISTO

La mejor manera de empezar a vencer las fortalezas emocionales es conocer tu identidad en Cristo y evitar caer en una vida de pecado.

Preocupación, temor, duda, odio… todas estas cosas y muchas más nos dominan cuando no recordamos quiénes somos en Cristo. Por otro lado, cuando nos centramos en la verdad de nuestra identidad en Él, vivimos una vida nueva.

> "¿Qué, pues, diremos? ¿Perseveraremos en el pecado para que la gracia abunde? En ninguna manera. Porque los que hemos muerto al pecado, ¿cómo viviremos aún en él? ¿O no sabéis que todos los que hemos sido bautizados en Cristo Jesús, hemos sido bautizados en su muerte? Porque somos sepultados juntamente con él para muerte por el bautismo, a fin de que como Cristo resucitó de los muertos por la gloria del Padre, así también nosotros andemos en vida nueva" (Ro. 6:1-4).

Mírate en el espejo. Esa persona que ves fue crucificada, sepultada y resucitada con Cristo. Cuando

Jesús murió, hace dos mil años, también lo hiciste tú. Cuando lo sepultaron, a ti también te colocaron en esa tumba. Cuando Él resucitó, tú también resucitaste. Puede que hayas recibido a Cristo hace poco tiempo, pero esos sucesos de la vida de Jesús conforman el fundamento de tu identidad espiritual.

¿Cómo funciona esta identificación? El proceso me recuerda las pinzas de arranque que tengo en mi auto. Cuando una batería en buen estado se conecta a una muerta, el auto arranca. La corriente eléctrica fluye de la batería buena a la descargada. Sin hacer nada por sí misma, la batería muerta vuelve a "reactivarse".

En el siglo primero, Jesús derrotó al pecado y a la muerte con todo el poder necesario para dar vida a aquellos que estaban muertos en el pecado. Como las pinzas de arranque, el Espíritu Santo conecta tu alma muerta a la victoria de Jesús en la cruz. El resultado: Tu espíritu "arranca" y te levantas para andar en vida nueva.

> LAS PERSONAS QUE NO ESTÁN CONECTADAS A CRISTO NO TIENEN PODER PARA VENCER SUS FORTALEZAS EMOCIONALES.

Por eso *puedes* vencer tus fortalezas emocionales. Sé que puedes hacerlo, porque sé quién eres en Cristo.

Satanás es experto en hacer pasar sus pensamientos como tuyos. *No puedo vencer la preocupación… no puedo ser libre de la esclavitud emocional… no puedo resistir este mal hábito de caer en depresión…* Para vencer, *debes dejar de creer esas mentiras.* Esas afirmaciones podrían haber sido verdad cuando el *viejo tú* estaba vivo. Pero esa persona murió en la cruz con Cristo. Eres una criatura totalmente nueva (2 Co. 5:17).

Piensa en los electrodomésticos de tu cocina. Todos reciben energía eléctrica de la misma fuente. Si tu casa no tiene electricidad, ninguno de ellos funcionará. De igual modo, las personas que no están conectadas a Cristo no tienen poder para vencer sus fortalezas emocionales. Pero los suyos están conectados a la misma fuente de poder ilimitado, ese que permitió a otros vencer sus fortalezas emocionales y que está disponible para ti. Jesucristo quiere hacerte libre. Tú puedes poner de tu parte y reconocer que tu nueva vida en Él te da el poder de vencer cada mentira que el enemigo plante en tu mente. Tú tienes el poder de vencer todo aquello que te esté dominando.

Un día, hace varias décadas, Sir Frederick Handley Page —un pionero de la aviación— volaba en uno de sus aviones sobre un árido desierto de Oriente Medio, sin saber que antes de despegar una rata enorme se había metido en el compartimento detrás de la cabina del piloto. A varios miles de metros de altura, Page escuchaba tras sí el sonido repulsivo del roedor. Su corazón empezó a palpitar con fuerza: ese compartimento estaba lleno de líneas de comunicación hidráulica y cables de control por todas partes. Un mordisco del roedor en el lugar equivocado podía desactivar la nave y provocar su muerte.

Por aquel entonces no existía el piloto automático; por lo tanto, dado que estaba solo, Page no podía abandonar por un instante los controles para deshacerse de su indeseable visita. Descender desde la altitud a la que se encontraba y aterrizar podría llevarle demasiado tiempo. Además, aterrizar sobre la arena del desierto era arriesgado, y sus probabilidades de volver a despegar, aun menores.

En ese momento, recordó un dato curioso: las ratas necesitan más oxígeno para sobrevivir que los seres humanos. Page tiró del timón y el avión se elevó. En breves minutos dejó de oírse al roedor. Unas horas después, una vez había aterrizado y ya a salvo, Page encontró una rata muerta justo detrás de la cabina del piloto.

Amigo, Satanás no puede vivir en la atmósfera de la verdad de Dios. Sus oscuras mentiras se disipan a la luz de la presencia divina. Remonta vuelo en las alturas celestiales y alinea tus pensamientos con la perspectiva de Dios (ver Ef. 2:6). Es posible que te falte un poco el aire si no estás acostumbrado, pero el Espíritu te sostendrá.

Sigue subiendo hasta la mentalidad de Dios y adoptando su perspectiva hasta que Él produzca la victoria que considerabas imposible. Repite la verdad una y otra vez hasta que Satanás y sus fortalezas emocionales caigan al suelo y perezcan por falta de aire. Cuando esto suceda, respirarás con libertad.

EL ORIGEN DE TUS FORTALEZAS EMOCIONALES

Las fortalezas emocionales suelen dividirse en tres categorías.

La primera incluye las fortalezas enraizadas en tu pasado. Por ejemplo, puedes haber vivido traumatizado durante tus años de desarrollo. Tal vez hayas experimentado momentos de abandono en los primeros años de tu vida: falta de amor, afecto o compañía. Podrías haber sufrido maltrato.

Esta categoría también incluye cosas que ocurrieron recientemente, hace un mes. Tus elecciones de adulto podrían haber desencadenado consecuencias difíciles y un profundo remordimiento. Comoquiera que sea, has caído en una rutina emocional que has adoptado como manera normal de pensar y ver la vida.

La segunda categoría de las fortalezas emocionales incluye cosas que están sucediendo en el presente. Podrías estar pasando por pruebas y adversidades que te están provocando agotamiento y ansiedad emocional. Tal vez tu ambiente laboral es inestable, tienes un jefe exigente o tienes dificultades en tu pareja. Tu salud podría haber empeorado o quizás tus hijos empiezan a rebelarse. Desafíos como estos pueden atentar contra tu estabilidad emocional. Buscar consuelo en la comida, en las relaciones ilícitas o en cualquier otra solución rápida puede agravar aún más la situación.

> ## LAS PERSONAS QUE SE PREOCUPAN POR EL FUTURO VIVEN SU PRESENTE PARALIZADAS.

La tercera categoría de las fortalezas emocionales concierne al futuro. La palabra "preocupación" es la que mejor resume esta categoría. Para muchos, es una de las fortalezas más comunes. Nos hacemos preguntas como: *¿Y si tengo cáncer? ¿Y si mi esposo sufre un ataque al corazón? ¿Y si uno de mis hijos empieza a drogarse, a beber alcohol o muere? ¿Y si perdemos los fondos de nuestra jubilación o tenemos que ejecutar nuestra hipoteca? ¿Y si nuestro matrimonio se va a pique después de todos estos años... qué pasará?*

Las personas que se preocupan por el futuro viven su presente paralizadas. En la Biblia, la reina Ester tenía razones de sobra para ser presa del temor al futuro. El rey había decretado la exterminación de todos los judíos y, sin saberlo él, esto la incluía a ella. No obstante, Ester no se amedrentó por el temor al futuro. Antes bien, vivió el presente en victoria. Tenía miedo, sí. Pero su valentía venció su temor. Y su sabiduría la llevó a pedirles a sus amigos y familiares que oraran por ella.

¿Qué provoca la mayoría de tus fortalezas emocionales: los problemas del pasado? ¿Las pruebas presentes? ¿El temor al futuro? ¿O las tres cosas? Cuando identificas el origen de tus fortalezas, puedes aislar las mentiras, reemplazarlas por la verdad de Dios y ser libre.

LA CODEPENDENCIA

¿Te has preguntado alguna vez sin quién o qué no podrías vivir? Algunos harían una lista de cosas materiales. Otros dirían que no podrían vivir sin su cónyuge. Aún otros pensarían en las profundas relaciones de amistad que han desarrollado.

Todo esto son maravillosas bendiciones recibidas de Dios. Sin embargo, creo que confundimos nuestros valores cuando damos mayor importancia a las cosas y a las personas que a Dios. Actuando así, nos volvemos dependientes de las dádivas que Dios nos ha dado.

La codependencia es un mecanismo destructivo de defensa (una forma de fortaleza emocional), que las personas usan para afrontar las carencias que podrían sentir. Tal vez carezcan de autoestima o tengan fuertes sentimientos de rechazo. De cualquier modo, los individuos codependientes suelen utilizar a otros para reparar lo que está roto en sí mismos. Acuden a otros para que llenen su propio vacío. Yo lo denomino "fortaleza interpersonal".

Dios es el único que puede reparar lo que está roto. Solo Jesús puede suplir todas nuestras necesidades. Causamos problemas cuando acudimos a otras personas antes que a Él. En su Palabra vemos que Dios usa a las personas en la vida de otros, pero nunca permite que nada ni nadie ocupen su lugar. Cuando permitimos que esto suceda, hemos creado un ídolo emocional.

> ## Solo Jesús puede suplir todas nuestras necesidades.

Cuando recibes una buena noticia que llena tu corazón de felicidad, ¿tomas el teléfono y llamas a un amigo o te tomas el tiempo de dar las gracias a Aquel que te ha enviado esa bendición? Cuando vienen las pruebas y las tormentas de la vida arrecian a tu alrededor, ¿recurres de inmediato a tu cónyuge o clamas primero a Dios? Si empezaras a buscar primero a Dios, tu dependencia de Él aumentaría y tu codependencia de otros disminuiría. Aliéntate en Él, y Él también te enviará olas de estímulo a través de aquellos a los que amas.

Pon en práctica estos pasos para liberarte de la codependencia.

1. Cuando tu mente se desvía más de lo debido hacia alguien, cambia el rumbo de tus pensamientos y dirígelos a Dios y a su Palabra.

2. Busca deliberadamente maneras de divertirte: actividades que te hagan disfrutar, no

aquellas en las que otros lo pasen bien ni tampoco en unas que dependan de otros.

3. Presta atención a cómo hablas de ti mismo. ¿Te rebajas? ¿Permites que otros te lo hagan? Cambia ese patrón afirmando las cosas positivas que Dios está haciendo en tu vida. Usa palabras edificantes, no destructivas.

4. Renuncia a la necesidad de controlar las situaciones y a las personas que te rodean.

5. Haz una lista de tus cualidades positivas y agradece a Dios por cada una. Lee detenidamente esa lista todos los días y ve agregando a ella con frecuencia.

6. Reduce gradualmente tus mensajes de texto y tus conversaciones con las personas de las cuales eres codependiente.

7. Escríbete notas de reafirmación y déjalas donde las veas. Envíate correos electrónicos positivos. Cómprate flores o entradas a eventos deportivos para recordar el valor que Dios pone en ti.

TODO LO PUEDES
EN CRISTO

Cuando un jugador de baloncesto tiene un mal momento en un partido, decimos que ha tenido un bajón. No es algo anormal; los atletas pasan por ello todo el tiempo. No se alarman, pero saben que no pueden quedarse ahí. En algún momento tienen que recuperarse. Tienen que recobrarse.

Estar atado por una fortaleza espiritual puede ser como tener un bajón. No puedes realizar las cosas como lo haces normalmente, no disfrutas las experiencias que te corresponderían gozar y sientes que no estás cumpliendo el propósito de Dios para tu vida. Sigues siendo parte del equipo —eres parte de la familia de Dios—, pero no estás viviendo a la altura de tu potencial. Tener un bajón de vez en cuando es normal, pero permanecer caído no lo es. Debes esforzarte por salir de allí.

Muchos de los mejores siervos de Dios experimentaron bajones, y sus historias revelan algunos principios de cómo salieron, y cómo podemos salir nosotros también. Moisés, el hombre que finalmente liberó a Israel de siglos de esclavitud, dividió el Mar

Rojo, nos trajo los Diez Mandamientos y escribió los cinco primeros libros de la Biblia, también experimentó un bajón… el primero de varios. Sus propias decisiones contribuyeron a ello, pero quiero considerar la forma tan poderosa en que salió de ese bajón.

El problema inicial de Moisés fue con las personas. Le afectaron mucho los sentimientos de rechazo. Tal vez te identifiques con él. Quizás hayas experimentado rechazo y estés padeciendo sus efectos: una baja autoestima. Si es así, anímate, porque a Moisés le ocurrió lo mismo y pudo superarlo.

Los problemas de Moisés empezaron a sus cuarenta años, cuando vio que un egipcio golpeaba a un hebreo y decidió intervenir a favor de este (Hch. 7:24-25). Cuando mató al egipcio y escondió el cuerpo, pensó que su pueblo hebreo entendería que él estaba allí para liberarlos, pero no fue así. Más bien tuvieron temor de él y después lo rechazaron (Éx. 2:13-14).

> EL PESO DE CUMPLIR TU DESTINO
> NO ESTÁ SOBRE TUS HOMBROS,
> SINO SOBRE LOS DE DIOS.

De hecho, Moisés no solo sufrió el rechazo de su propio pueblo, sino de los egipcios, incluso de su familia adoptiva. En consecuencia, huyó de Egipto. Durante los cuarenta años siguientes, Moisés habitó en una tierra extraña, y vemos un marcado cambio en su confianza durante ese tiempo. Él, que había sido un hombre muy seguro, que iba a liberar a los israelitas él solo, que también fue egipcio, ya no tenía ninguna confianza en sí mismo.

Moisés estaba experimentando la fortaleza emocional de la baja autoestima. Lo vemos más claramente cuando se encontró con Dios en la zarza ardiente.

Dios le da a Moisés sus órdenes de marcha: "Ven, por tanto, ahora, y te enviaré a Faraón, para que saques de Egipto a mi pueblo, los hijos de Israel" (Éx. 3:10).

¡Genial, por fin había llegado la hora de que Moisés cumpliera su llamado! ¡Debió de sentirse eufórico! *No fue así*. La respuesta de Moisés muestra cualquier cosa, menos euforia. "¿Quién soy yo para que vaya a Faraón, y saque de Egipto a los hijos de Israel?" (v. 11).

En otras palabras, Moisés no se sentía digno de su propósito y destino. Carecía del sentido de valía personal y de confianza en sus habilidades. Más adelante, en su diálogo con Dios, Moisés le dice: ""He aquí que ellos no me creerán, ni oirán mi voz" (Éx. 4:1).

Dios le dijo a Moisés que arrojara al suelo la vara que tenía en su mano. Cuando Moisés lo hizo, esta se convirtió en una serpiente. Después le dijo que la agarrara por la cola y, al hacerlo, se convirtió otra vez en su vara. Dios le mostró a Moisés que aunque sus propias fuerzas fueran insuficientes, podría cumplir su destino en la fuerza y el poder de Dios. No dependía de que Moisés fuera "todo eso", sino de Dios.

Lo mismo sucede contigo. El peso de cumplir tu destino y de llegar a ser como Dios diseñó que fueras no está sobre tus hombros, sino sobre los de Dios.

Cuando confías en Dios y en su poder, y sueltas lo que te ha atado, experimentarás la confianza necesaria para cumplir tu destino. Tu estima no debería basarse nunca en quién eres ni en qué puedes hacer, sino más bien en el poder que Dios puede manifestar en y a través de ti. Todo lo puedes en Cristo (Fil. 4:13). Permite que esta verdad se arraigue en tu corazón y te dé una fuerte confianza en ti mismo.

DIOS TIENE EL CONTROL

¿Te han rechazado? ¿Te sientes indigno de recibir un encargo de Dios? La buena noticia es que puedes vencer los sentimientos de rechazo y falta de merecimiento, porque no estás solo. Tu sentido de valía no se encuentra en ti, sino en Dios, tu Creador.

Cuando Moisés experimentó el rechazo y cayó bajo la fortaleza emocional de la baja autoestima, Dios respondió a la falta de poder personal de Moisés con la manifestación del suyo propio. Dios anhela revelarte su poder a ti también. Eso ocurre cuando sueltas lo que conoces (así como Moisés dejó la vara de pastor de la cual había dependido por tanto tiempo) y vuelves a tomar lo que Dios ha ungido. Pon tus ojos en lo que Él puede hacer, no en lo que tú hayas hecho ni en lo que te haya sucedido.

Si estás padeciendo rechazo, recuerda estas tres cosas.

1. Tu mayor necesidad no es tener confianza en ti mismo, sino en Dios.

2. Dios usa nuestras experiencias difíciles como preparación para un ministerio y bendiciones en el futuro.

3. Obedecer a Dios conduce a una nueva y acertada imagen de ti mismo.

Lee los primeros capítulos de Éxodo. A medida que te identifiques con Moisés, verás que puedes volver a empezar... en las fuerzas de Dios, no en las tuyas. Y, amigo, fíjate qué tienes en tus manos. Sea lo que sea, *suéltalo*. Deja que Dios lo toque. Luego, vuélvelo a tomar. Con Dios, puedes vencer.

Recuerda lo que hemos visto esta semana. Empezamos a liberarnos de las fortalezas emocionales cuando tomamos más consciencia de ellas y cambiamos nuestra manera de pensar. Ignorarlas o negar que existan empeora las cosas. No puedes vencer las fortalezas emocionales con el simple deseo de que desaparezcan. Quizás te distraigas y no pienses en ellas temporalmente, pero eso no producirá la curación. ¡De hecho, distracciones como la comida, el consumismo, el alcohol, el sexo y el entretenimiento pueden derivar en más fortalezas!

> PON TUS OJOS EN LO QUE ÉL PUEDE HACER, NO EN LO QUE TÚ HAYAS HECHO NI EN LO QUE TE HAYA SUCEDIDO.

Tampoco puedes vencer tus fortalezas si te dejas dominar por ellas. Quizás te apetezca drogarte, decir palabrotas, beber, gastar, salir a comprar o simplemente alejarte de aquellos que te rodean, pero esas cosas no te ayudarán a vencer. Simplemente, enmascaran tu dolor mientras te hundes más en tu atadura emocional.

La clave para tu victoria es conocer y tratar la raíz: las mentiras que el diablo te ha hecho creer que son verdad. Cuando Satanás controla tus pensamientos, tú sientes lo que él quiere. Cuando Dios domina tus pensamientos, sientes lo que Dios ha designado que sientas.

Tu manera de responder a las circunstancias de la vida revela, a menudo, lo que crees. Por ejemplo, si en tu corazón dudas de que Dios vea cuando te ofenden, que le importe que te hieran o que quiera lo mejor para ti, tratarás de remediar tu situación por ti mismo en vez de confiar en Él y en sus caminos.

Amigo, Dios vio lo que te pasó, lo que te pasa o lo que temes que te pueda pasar. Tratar de resolver las cosas a tu manera solo complicará el problema e inhibirá la respuesta y la liberación divina.

Dios es quien derribará tus fortalezas emocionales, si se lo permites. Él tiene el control. Escucha. Sabe. Ve. Le importa. Confía en Él y sigue adelante.

ORACIONES Y PRÁCTICAS

Amado Padre, mis emociones me han esclavizado durante demasiado tiempo. He sufrido mientras han dirigido y dictado mi vida. He perdido demasiado tiempo en preocupaciones, remordimientos, temor o vergüenza. Señor, condúceme por el camino que produce sabiduría y entendimiento. Libérame de las cadenas de mi pasado que atenazan mi mente. Muéstrame el beneficio de confiar en lo que tú dices. Tú ya has ganado mi victoria; ahora, concédeme la gracia de ponerla en práctica.

Necesidades y peticiones de oración

Mi propia oración

_____

_____

_____

_____

Pasos prácticos

1. Las personas con fortalezas emocionales luchan, a menudo, con la codependencia. Procura desarrollar nuevas relaciones e intereses. Conforme vayas desarrollando los vínculos emocionales adecuados con más personas y actividades, aprenderás a depender de Dios y no de otros, y tu sentido de valía personal crecerá.

2. Reemplaza el rechazo con afirmación. El rechazo es una emoción reductora del ego que todos afrontamos. La afirmación alimenta el núcleo central de tu identidad con la verdad espiritual de cómo te ve y te acepta Dios. Escribe los siguientes versículos en tu teléfono, tablet, tarjetas adhesivas, computadora... en cualquier lugar donde los puedas ver y memorizar: Salmos 37:23-24 y 139:14; Isaías 41:10; Jeremías 29:11; Juan 14:27; Efesios 2:10 y Hebreos 13:6.

3. Suéltalo. Identifica la cosa, la persona o la experiencia de tu pasado que te tiene atado a tu fortaleza emocional. Podría ser un hábito

o algo de lo cual dependes más que de Dios. Ve delante del Señor y suéltalo; pídele que te unja y lo reemplace con su poder y su fortaleza.

EL ESTRÉS

LA DECISIÓN DE GOZARTE

Todos luchan con el estrés. Cada uno lo maneja de manera diferente, y algunos no podemos gestionarlo en absoluto. Nadie está exento de su presencia ni de sus efectos.

Hace poco fui al médico para un chequeo general. El médico no encontró nada anormal en los resultados de mis análisis. Según él, el problema era yo. Podía ver señales de estrés en mi rostro y en mi lenguaje corporal. Sí, lo admito, yo también lucho con el estrés. Y sospecho que la mayoría de los pastores también.

Supongo que tú tampoco eres ajeno al estrés. Quizás lo estás soportando en tu matrimonio, con tus hijos o en el trabajo.

Una de las mayores causas de estrés son las excesivas responsabilidades: tratar de hacer demasiadas cosas o sumar más actividades a nuestros apretados horarios. Nuestros intentos por reestructurar nuestra vida y aliviar el estrés pueden llegar a ser muy complicados y consumirnos tanto tiempo que creamos más presión que alivio.

Cuando esto sucede, nuestra vida puede llegar a parecerse a un rompecabezas apilable. Amontonamos una exigencia o responsabilidad sobre otra hasta contemplar una montaña de estrés. No es de sorprender que, a veces, toda esa pila se desplome. Todo lo que amenaza con alterar el delicado equilibrio de nuestra vida o con retrasar nuestro ritmo frenético puede llegar a convertirse en otra fuente de estrés y frustración, aunque sean cosas importantes y saludables, como participar en la vida de la iglesia o cultivar nuestras relaciones.

Los padres solteros se enfrentan a un estrés inimaginable. La madre que cría sola a sus hijos debe procurar la excelencia en su empleo para llegar a casa y preparar comidas, limpiar la casa, ayudar con los deberes, proveer liderazgo espiritual y ofrecer apoyo y sustento emocional. Y todo eso antes de *pensar* siquiera en ella misma y en sus necesidades.

> **Debemos encontrar nuestro**
> *mayor gozo* **en el Señor.**

El estrés está por doquier y, lamentablemente, está llegando a ser una de las principales fortalezas emocionales que afrontamos en la actualidad. Más del 75% de los adultos encuestados recientemente por la Asociación Psicológica Estadounidense confesó haber experimentado niveles, entre moderados y altos, de estrés durante el mes anterior. El 80%

admitió sentir estrés en el trabajo y aproximadamente una de cada 75 personas sufre de ataques de pánico (a menudo producido por el estrés).

El estrés constante es nocivo para el cuerpo. Puede alimentar las células cancerígenas, fomentar condiciones de salud crónicas, elevar el riesgo de ataques cardíacos y mucho más. Vencer las fortalezas emocionales del estrés puede hacer mucho más que alegrarnos la vida… puede prolongarla.

¿Pero cómo vencemos el estrés en nuestra vida?

La respuesta de Dios se encuentra en la que yo suelo denominar la "epístola de la presión": la carta de Pablo a la iglesia de Filipos. Pablo la escribió desde una prisión romana, mientras esperaba el veredicto sobre delitos no cometidos. La mayoría de nosotros lo consideraríamos una situación de sumo estrés. La congregación de Filipos era una especie de olla a presión. Estaba dividida por el conflicto entre dos mujeres (Fil. 4:2-3) y la oposición de la comunidad (Fil. 1:27-30).

Pablo proporcionó tres ingredientes simples para vencer el estrés. Hoy veremos el primero. Confinado en la prisión, esperando saber si viviría o moriría, Pablo escribió: "Regocijaos en el Señor siempre. Otra vez digo: ¡Regocijaos!" (4:4).

¿Perdón? ¿Acaso Pablo escribió sobre la necesidad de regocijarse en el Señor, estando encadenado en la prisión a la espera de un veredicto de vida o muerte? Sí, así es.

El único recurso de victoria sobre el estrés es Dios. O, parafraseando este pasaje, debemos encon-

trar nuestro *mayor gozo* en el Señor. No tiene nada de
malo que tu pareja, tu trabajo, tu hogar, tu automóvil
o una variedad de otras cosas te hagan feliz. Todo
esto puede producir cierta felicidad. Pero la felicidad
es diferente del gozo. La felicidad depende de las
circunstancias, pero el gozo va más allá.

Por ejemplo, si te tomas un momento para leer
el libro de Habacuc (solo tiene tres capítulos), verás
a un hombre que responde con gozo, a pesar de las
circunstancias más terribles. Leemos sobre la angustia, la pérdida e incluso el silencio de Dios. Vemos
el desaliento, la depresión y las difíciles circunstancias de Habacuc. Pero al final, también leemos lo
siguiente:

"Aunque la higuera no florezca, ni en las vides
haya frutos, aunque falte el producto del olivo, y
los labrados no den mantenimiento, y las ovejas
sean quitadas de la majada, y no haya vacas en
los corrales; con todo, yo me alegraré en Jehová,
y me gozaré en el Dios de mi salvación. Jehová
el Señor es mi fortaleza, el cual hace mis pies
como de ciervas, y en mis alturas me hace andar"
(Hab. 3:17-19).

El verdadero gozo no tiene nada que ver con
cómo nos vaya en la vida, sino con nuestro estado,
independientemente, de cómo nos vayan las cosas. El gozo
está relacionado con la capacidad interna que Dios
nos ha dado para resistir y salir adelante. Puede darnos paz en medio del pánico, calma en medio del

caos y tranquilidad en medio de la confusión. El primer paso para vencer la fortaleza emocional del estrés es escoger conscientemente gozarnos.

¿QUÉ SIGNIFICA GOZARTE?

Ayer vimos el primer paso para vencer la fortaleza emocional del estrés: la decisión de gozarnos. Ahora vamos a ver qué significa gozarse y cómo puedes hacerlo en tus circunstancias difíciles.

Cuando leemos la exhortación de Pablo a gozarnos, debemos recordar el contexto dentro del cual lo escribió. Sin duda, sus circunstancias no le ofrecían ninguna razón para gozarse. Recuerda que gozarnos no es algo que hagamos cuando estamos felices, sino una decisión que tomamos. Y lo hacemos, porque "sabemos que a los que aman a Dios, todas las cosas les ayudan a bien, esto es, a los que conforme a su propósito son llamados" (Ro. 8:28).

Observa que Pablo no dice todas las cosas *son* buenas. Sin embargo, nos asegura que Dios sacará algo bueno aun de las peores circunstancias. Dios dispone *todas* las cosas para nuestro bien.

Consideremos las circunstancias más estresantes de Jesús. La noche antes de su crucifixión, Jesús oraba en el huerto y le pedía a su Padre si podía pasar de Él la copa del sufrimiento. No había ninguna felicidad asociada con morir en una cruz.

Jesús estaba dispuesto a sufrir, pero no le entusiasmaba la idea. Tu "copa" particular podría ser un cónyuge contencioso, un empleador opresivo y dominante, una economía escasa, un problema de salud crónico, un hijo rebelde o alguna otra clase de aflicción. Así como no pasó la copa de Jesús, muchas de las nuestras tampoco.

¿Pero cómo lo sobrellevamos? De la misma manera que lo hizo el Señor, quien "por el *gozo* puesto delante de él sufrió la cruz" (He. 12:2). Jesús decidió mirar más allá de la cruz y vio revelarse el plan glorioso de Dios. La angustia y la vergüenza tenían un propósito. Dios los estaba disponiendo para bien. Vive conforme a esta verdad. Eso te dará una nueva perspectiva para que con los ojos de la fe puedas mirar más allá de tus circunstancias y obtener un vislumbre de la obra de Dios en tu vida.

> ## DIOS SACARÁ ALGO BUENO AUN DE LAS PEORES CIRCUNSTANCIAS.

Cuando esperamos que nuestra circunstancias nos traigan gozo, lo mejor que podemos obtener son momentos fugaces de felicidad, y a veces ni eso. Tal vez no seas feliz en tu matrimonio, pero puedes ser un cónyuge gozoso. Tu trabajo podría no ser el ideal, pero puedes ser un trabajador gozoso. No todos tus hijos se levantarán y te llamarán bienaventurado, pero puedes ser un padre gozoso. Pero en todos los casos, tu gozo debe estar *en el Señor*.

¿Recuerdas a María y Marta? Leemos en Lucas 10:38-40 que cuando Jesús visitó su hogar, Marta estaba preparando un banquete, mientras María estaba sentada a los pies de Jesús. Marta preguntó por qué el Señor no había enviado a su hermana a la cocina a ayudar con los preparativos.

¡Marta estaba sintiendo el estrés! Estaba enojada con María por no ayudarla, y con Jesús por no mandar a esta a ayudarla. Marta estaba buscando pelea, pero Jesús la desarmó con su respuesta. "Marta, Marta, afanada y turbada estás con muchas cosas. Pero sólo una cosa es necesaria; y María ha escogido la buena parte, la cual no le será quitada".

Permíteme parafrasear las palabras de Jesús. "Marta, cálmate. Respira hondo y quítate de encima ese estrés. Tranquilízate y relájate. Tengo la solución. Encuentra tu gozo en mí y no en la comida que estás preparando para mí". Puedo oír cómo sigue resonando ese consejo.

"Encuentra tu mayor gozo en mí, pastor, no en la iglesia que estás tratando de edificar para mí".

"Encuentra tu mayor gozo en mí, estudiante, no en las notas que estás esperando obtener".

"Encuentra tu mayor gozo en mí, empleado, no en la aprobación de tu jefe".

"Encuentra tu mayor gozo en mí, persona soltera, porque nadie puede satisfacerte como yo".

Gozarte es una elección que debes hacer si quieres vencer la fortaleza emocional del estrés.

EQUILIBRIO EN LA VIDA

El segundo paso para tener menos estrés en la vida y más paz es proponerse vivir un estilo de vida prudente. Inmediatamente después de que Pablo exhorta a los filipenses a regocijarse, escribe: "Vuestra gentileza sea conocida de todos los hombres. El Señor está cerca" (Fil. 4:5). La palabra griega traducida como "gentileza" o "amabilidad" (NVI) también puede traducirse "bondad" (LBLA) o "modestia" (JBS). La modestia no es un concepto popular en nuestro país. Sin embargo, cuando viajo al exterior, me asombra ver tan pocos restaurantes de comida rápida o máquinas expendedoras de comida basura con barras de dulces o paquetes de patatas fritas extra grandes. Cuando uno ordena agua o té, lo sirven en un vaso de 200 ml. ¡Aquí se suelen vender bebidas en vasos de casi un litro!

En nuestra cultura, obviamos la modestia de otras maneras también. Nos estresamos por comprar casas más grandes, autos más nuevos o ropa más moderna. Soñamos con vacaciones de lujo. Entonces, trabajamos más duro y más horas sin tener en cuenta nuestra necesidad de descansar. Tratamos de mantener la imagen del hogar cristiano perfecto y sumamos iglesia, reuniones de entresemana, comunión con otros, salidas, actividades deportivas y cosas por el estilo… y, al final, nos preguntamos por qué estamos tan estresados que no podemos disfrutar nada de eso.

Créeme, sé de horarios apretados. Como adicto al trabajo confeso, entiendo lo que significa hacer malabares con muchas cosas a la vez. Mi esposa Lois ha sido una enviada de Dios en muchos sentidos. A menudo me ha tenido que obligar a descansar (en momentos puntuales) para que pudiera reponerme y recargar mi cuerpo, mi mente y mi espíritu.

Todos necesitamos modestia para tener menos estrés y disfrutar de una vida de paz. La otra parte del pasaje que estamos viendo explica qué pasa cuando no lo hacemos. "El Señor está cerca" cuando vivimos un estilo de vida modesto. Dios está cerca aun cuando estamos ahogados bajo el peso de demasiadas tareas o demasiado entretenimiento, pero estamos demasiado ocupados para notarlo. Nos alejamos de nuestra fuente de vida. Y sin sentir la cercanía de Dios, nos faltará aquello que necesitamos para experimentar la paz y la victoria verdaderas sobre la fortaleza emocional del estrés.

La palabra traducida "gentileza" también sugiere flexibilidad. Muchos de nosotros solo necesitamos tomar las cosas con calma. Todo va a estar bien. Relájate. Nada genera más estrés que la intransigencia. Frente a los contratiempos y las vicisitudes de la vida, quienes no sean flexibles, se quebrarán. La resiliencia es una característica decisiva para manejar el estrés.

MUCHOS DE NOSOTROS SOLO NECESITAMOS TOMAR LAS COSAS CON CALMA.

Aprende a ser flexible en el trabajo, el hogar, la escuela... dondequiera que estés. Si alguien te irrita, no trates de desquitarte; sé flexible. Si tus planes no salen como pretendías, no entres en pánico; sé flexible. Si se avecina un plazo imposible de cumplir, no te desesperes; sé flexible. El mundo no se va a terminar. Mañana será un nuevo día. Después de todo, el Señor está cerca. Cuando Cristo vuelva, se dispensará una justicia adecuada, los planes cambiarán y los plazos serán anulados. Cabe decir lo mismo si mueres por un ataque cardíaco inducido por el estrés. No seas irresponsable, sino sé flexible.

Para vencer el estrés debes apartar tiempo para el descanso y algún tipo de recreo. Procura que en tu lista de tareas pendientes quede lugar para las cosas realmente importantes, como lo que hizo María: sentarse a los pies de Jesús y estar con Él. No te limites a leer la Biblia y tacharlo de tu lista. No uses un cronómetro para tu tiempo de oración. Simplemente habla con Dios y escucha lo que Él te quiera decir. Lee su Palabra como si Él fuera a hablarte, porque lo hará.

Pasa tiempo en lugares donde puedas ver y experimentar la belleza de su creación, estés rodeado de

otras personas en una ciudad concurrida o cami-
nando solo en medio de la naturaleza. Sencillamente,
mira el cielo y aprecia la vasta expansión que Él ha
creado.

Tómate tiempo para ti. Esto no es algo que apren-
damos en nuestra cultura acelerada, enloquecida por
la tecnología y en la que el tiempo es oro. ¿Pero de
qué valen tus logros si no puedes tomarte tiempo
para disfrutar de ellos?

Busca un equilibrio para poder experimentar la
verdadera paz que viene de saber que el Señor está
cerca.

EL PODER DE LA ORACIÓN

La estrategia final para vencer la fortaleza emocional del estrés y tener paz personal es apropiarse del poder de la oración. El apóstol Pablo exhorta: "Por nada estéis afanosos, sino sean conocidas vuestras peticiones delante de Dios en toda oración y ruego, con acción de gracias" (Fil. 4:6).

Para poder ser libre de la ansiedad, una de las principales causas de estrés, debes llenar tu mente de otra cosa. Así funciona el cerebro humano.

Por ejemplo: piensa en el número ocho. Muy bien, ahora *deja* de pensar en él. Sácate el número ocho totalmente de la mente.

No puedes, ¿verdad? Cuanto más tratas de *no* pensar en el número ocho, más piensas en él. Ahora intenta lo siguiente: Piensa en el número cuatro. Fíjate qué rápido vas perdiendo en la memoria el número ocho. Dos pensamientos distintos no pueden dominar la mente a la vez.

Ponte a orar. El estrés de la ansiedad y la agitación no puede agobiar tu vida cuando tu mente está llena de oración.

¿Por qué pasan los creyentes tan poco tiempo en oración? Quizás tenga que ver con la falta de familiaridad y confianza. Sospecho que los cristianos no se deciden mucho a orar por el poco tiempo que dedican a conocer al Dios que oye sus oraciones. *¿Realmente* nos oye? Aunque lo haga, ¿le importa? ¿Puede ayudarnos? Solo cuando crecemos en el conocimiento profundo del Señor podemos decir, por experiencia, que sus promesas son verdad.

Pablo agrega la palabra "ruego". Es tan solo otra forma de decir "informar a Dios de lo que necesitas". Sé específico: cita nombres. Deja de lado el lenguaje florido y las frases complejas. Ve al grano y di lo que quieres decir. He oído orar en ocasiones: "Señor, bendíceme". ¿Qué significa eso? "Señor, ayúdame en el trabajo hoy". ¿Que te ayude cómo? ¿Algún compañero de trabajo te está molestando? ¿Te han asignado un proyecto que supera tu capacidad? ¿Necesitas sabiduría, contención o solo energía?

Díselo. Pídele lo que necesitas. Cuanto más explícitas sean tus oraciones, más íntima será tu relación con Dios y más fruto dará tu vida de oración.

Quizás digas: "Pero ya lo intenté. Oré toda una semana y no pasó nada". Es probable que *haya* pasado algo y tú no lo hayas notado. Dios responde oraciones, no concede deseos. Observa lo que dice el pasaje: cuando ores (v. 6), recibirás paz (v.7). No hay garantías de que recibas exactamente lo que pidas. El plan de Dios en desarrollo es la máxima prioridad. Él puede resolver nuestros problemas mucho mejor que nosotros.

Tal vez Dios no cambie a tu esposo inmediatamente; quizás te cambie primero a ti. O en vez de encontrar a tu pareja perfecta, podrías descubrir que estás llamada a participar de algunas misiones para el reino de Dios. Tu proyecto laboral podría ser un fracaso, pero quizás aprendas algunas lecciones valiosas que te impulsarán más lejos de lo que habrías llegado de otro modo.

A veces podrías descubrir que estás esperando el tiempo de Dios o que se revele su respuesta. Aun así, Él ha prometido darte paz.

Pablo dice que la oración y el ruego deberían hacerse en un contexto de *acción de gracias*. Sugiere que en medio de tu oración por tu estrés y ansiedad, des gracias; esto vuelve a centrar tu atención de inmediato sobre el aspecto positivo de tus circunstancias. Podrías estar orando: "Señor, haz algo respecto a mi jefe". La acción de gracias añade una nueva dimensión a tu oración: "Señor, te doy gracias por darme este trabajo. A través del mismo, has provisto los medios para comprar esta casa, este auto y la ropa que uso". En el contexto de todo lo que Dios está haciendo, el estrés por causa de tu jefe empieza a disiparse.

Los tres ingredientes que hemos examinado componen el antídoto de Dios para el estrés, mucho más potente y eficaz que cualquier píldora, bebida o despilfarro de dinero en compras.

Sin embargo, Dios hace más que darte paz. Pone un guarda para asegurarse de que tu paz permanezca ininterrumpida. "Y la paz de Dios, que sobrepasa todo entendimiento, guardará vuestros corazones y vuestros pensamientos en Cristo Jesús" (v. 7). Los lectores de Pablo entendieron claramente esta referencia. Filipos era una colonia romana, protegida de los ataques y de la insurrección. Dios no nos ofrece nada menos. Su paz patrulla nuestra mente y nuestro corazón protegiéndonos del ataque emocional del enemigo y ayudándonos a vencer nuestras dudas, inseguridades y temores internos.

Muchas personas han experimentado esta clase de paz, pero han visto cómo se ha evaporado lentamente con el tiempo. ¿Qué sucedió? ¿Retiró Dios su guarda? Por supuesto que no. Nosotros abandonamos el territorio seguro que Él guardaba. No mantuvimos nuestra mente en Dios y su provisión. Apartamos los ojos del Solucionador de nuestros problemas para volver a ponerlos en nuestras preocupaciones. No permitas que esto te suceda.

LA PAZ PERFECTA

Ayer vimos cómo Dios protege tu corazón y tu mente cuando acudes a Él en tu estrés. ¿Pero cómo puedes mantenerte seguro bajo la protección de la paz divina? Mediante un cambio de tu manera de pensar. En los dos versículos siguientes, de Filipenses 4, Pablo explica cómo.

"Por lo demás, hermanos, todo lo que es verdadero, todo lo honesto, todo lo justo, todo lo puro, todo lo amable, todo lo que es de buen nombre; si hay virtud alguna, si algo digno de alabanza, en esto pensad. Lo que aprendisteis y recibisteis y oísteis y visteis en mí, esto haced; y el Dios de paz estará con vosotros" (vv. 8-9).

Cuando oras, *la paz de Dios* está contigo (v. 7). Cuando piensas correctamente, el *Dios de paz* está contigo (v. 9). Dios nos concede su paz cuando oramos. Nos ayuda a sentir su presencia cuando reorientamos nuestra mente, y esto también redunda en paz.

No hay cantidad de estrés que traspase la protección personal de Dios. Ningún problema puede atravesar el escudo de su paz y su presencia. Pero vivir en la seguridad de la paz divina requiere un cambio en tu manera de pensar. Proverbios 23:7 dice: "Porque cual es su pensamiento en su corazón, tal es él". Las cosas con que cargas tu mente se manifestarán a través de tus acciones.

> ## Para vencer la fortaleza emocional del estrés, debemos dejar de tratar sus síntomas y buscar una cura.

La industria tecnológica tiene un dicho antiguo: "Entra basura, sale basura". El rendimiento de una computadora solo será tan confiable como el programa y los datos que se ingresen. La misma fórmula funciona con las personas. Si programas tu mente con estrés y ansiedad, no debería sorprenderte tener una vida llena de estrés.

Qué trágico pasar un año tras otro a merced del estrés, mientras Dios espera pacientemente, listo para darle su paz y su presencia a cualquiera que se lo pida. Para vencer la fortaleza emocional del estrés, debemos dejar de tratar sus síntomas y buscar una cura. Podemos vivir por encima de nuestras circunstancias y no bajo su peso. Solo así experimentaremos la paz perfecta que sobrepasa todo entendimiento.

LA PROMESA DE JESÚS

En nuestro estudio sobre cómo vencer el estrés, nos hemos enfocado en dos palabras: "paz" y "descanso". Vamos a repasarlas antes de seguir adelante con la siguiente fortaleza emocional.

Ten presente que paz no significa ausencia de problemas, sino que tus problemas no se apoderarán de ti. Jesús dijo: "En el mundo tendréis aflicción" (Jn. 16:33). Las relaciones podrían fallar. El trabajo podría ser caótico. La salud podría decaer. La economía podría hundirse o tus finanzas personales podrían disminuir, "… pero confiad —dijo Jesús—, yo he vencido al mundo".

Otras versiones de la Biblia dicen "sean valientes" o "anímense". ¿Animarse? ¿En medio del estrés? ¿Cómo se hace?

Se consigue estando firme en la fe, en tu relación con Jesucristo. Entonces verás cómo él trae luz donde había tinieblas. Amigo mío, si Él ha vencido al mundo —incluidas tus circunstancias—, tú también has vencido en Él. Eres un vencedor, porque Él ha vencido.

Pasemos a la segunda palabra: "Descanso". ¿Te parece estar trabajando más que nunca y, sin embargo, no logras acabarlo todo? En la actualidad tenemos acceso a todo tipo de artefactos que nos hacen la vida más fácil y cómoda.

> **Ten presente que paz no significa ausencia de problemas, sino que tus problemas no se apoderarán de ti.**

A pesar de toda esta abundancia, a menudo nos encontramos sobrecargados con más reuniones, más plazos que cumplir y una lista más larga de cosas pendientes.

Jesús nos revela el secreto de la victoria sobre nuestros apretados programas. "Venid a mí todos los que estáis trabajados y cargados, y yo os haré descansar. Llevad mi yugo sobre vosotros, y aprended de mí, que soy manso y humilde de corazón; y hallaréis descanso para vuestras almas" (Mt. 11:28-29).

Si Jesús convirtiera esta promesa en una aplicación y la llamara iYugo, ¿descargaríamos la última versión? ¿Accederíamos a lo que no podemos ahora? Su promesa —el iYugo de Cristo— se puede descargar mediante una relación íntima y permanente con Él. Al llevar el yugo de Cristo en fe, encontrarás descanso en Él.

Jesús condiciona su promesa de tranquilidad en medio de las pruebas a nuestra relación con Él. Promete dejarnos su paz (Jn. 14:27) y dárnosla cuando la necesitemos.

Esta promesa no nos capacita para evitar los problemas, sino a vencerlos por estar unidos a Cristo. Con frecuencia, Dios se vuelve más real para ti cuando se reúne contigo en tu aflicción emocional y te empodera para que la superes en lugar de hundirte bajo ella. Si buscas una relación íntima con Cristo y su verdad, descubrirás el descanso y la paz necesarios para vencer la fortaleza emocional del estrés.

ORACIONES Y PRÁCTICAS

*Padre amado, he cedido a las presiones y al estrés
por demasiado tiempo. Me han quitado la paz y me
han impedido disfrutar todo lo que tú tienes para mí.
Admito que a veces me sobrecargo con cosas para hacer
y me olvido de hacerme tiempo para estar contigo o
simplemente para estar tranquilo. Te confieso esto y te
pido perdón. También te pido que me ayudes a dar pasos
prácticos para tener menos estrés en mi vida. Ayúdame a
permanecer en ti y a desarrollar el hábito de descansar.*

Necesidades y peticiones de oración

_____

_____

_____

_____

_____

_____

Mi propia oración

_____

_____

_____

_____

_____

_____

Pasos prácticos

1. Escucha el sermón en línea: *"The Importance of
    Gratitude"* [La importancia de la gratitud] en
    www.youtube.com/watch?v=hYsXq ysRXig.
    [Disponible solo en inglés].

2. Pasa un tiempo diario con el Señor en ora-
    ción. Comienza por darle gracias. Escribe las
    cosas por las que estás agradecido y coloca
    la lista en algún lugar donde puedas verla
    cuando empieces a sentir el estrés.

3. Tómate las cosas con calma. ¿Puedes dis-
    minuir tus actividades? ¿Comer en tu casa
    más a menudo? ¿Ver menos televisión? Date
    un respiro de la tecnología y del ruido para
    poder relajarte en quietud. Elije una actividad
    de la que puedas prescindir esta semana y
    reemplázala con un tiempo de quietud. Sal
    a caminar, siéntate a observar la naturaleza o
    coloca un comedero para pájaros y observa
    a las aves. Escucha música suave, medita o
    simplemente quédate en silencio delante del
    Señor.

LA PREOCUPACIÓN

Un antídoto contra la preocupación

Muchas batallas de tu vida pueden convertirse en fortalezas emocionales, que te obstaculizan y te impiden servir a Dios con entusiasmo, confiar en Él y experimentar la vida abundante que Él ha prometido.

Una de las fortalezas más sutiles y nocivas es la *preocupación*. Una inquietud momentánea no es lo mismo que la fortaleza de la preocupación. Cuando se convierte en una fortaleza, ya es una forma de vida, una tendencia.

Las personas propensas a preocuparse cuentan con reservas ilimitadas de cosas por las que inquietarse. Las finanzas, la salud y la imagen corporal. El ayer, el hoy y el mañana. Y no hablemos ya de ver el informativo, que les proporcionaría una nueva lista de motivos de preocupación diaria.

Las personas manejan la preocupación de diversas maneras. Algunas buscan distraerse bebiendo en exceso, comprando compulsivamente o navegando sin cesar por Internet. Pero ninguno de estos remedios es eficaz a largo plazo, porque los pensamientos turbulentos no tardan en regresar.

Jesús trató la preocupación de manera frontal. Nos exhortó a no preocuparnos.

En Mateo 6, Jesús dijo tres veces: "No se preocupen" (vv. 25, 31, 34 NTV). La palabra griega traducida "preocupación" deriva de la raíz que significa "ahogo", "sofocamiento". Es el efecto de la preocupación: te ahoga e impide que rindas al máximo. Te deja frustrado, cuando deberías ser libre.

> ## Cuando nos preocupamos, nos olvidamos de quién es nuestro Padre.

Amigo, la preocupación es uno de los pecados más patentes, porque expresa duda en el poder y la bondad de Dios. Algunos no la identifican como pecado. Aluden que solo es inquietud por algo. Sin embargo, la intranquilidad legítima difiere de la preocupación. Cuando tienes motivos para estar inquieto, tú tienes el control. Cuando estás preocupado, el asunto te controla a ti. La preocupación se convierte en los intereses que pagas antes de tiempo sobre un problema. En realidad, alrededor del 80% de las cosas por las que uno se preocupa no ocurren nunca.

Jesús dijo que, al ser su discípulo, puedes, y deberías, dejar de preocuparte.

"Por eso les digo que no se preocupen por la vida diaria, si tendrán suficiente alimento y bebida, o suficiente ropa para vestirse. ¿Acaso no es la vida más que la comida y el cuerpo más que la ropa? Miren los pájaros. No plantan ni cosechan ni guardan comida en graneros, porque el Padre celestial los alimenta. ¿Y no son ustedes para él mucho más valiosos que ellos?" (Mt. 6:25-26 NTV).

Cuando nos preocupamos, nos olvidamos de quién es nuestro Padre. Sin duda, el Señor, que viste y alimenta a las aves del cielo, nos valora más que a ellas. Es nuestro Creador y nuestro Padre compasivo. Además, cuando nos preocupamos, nos enfocamos en las cosas equivocadas. Nos inquieta qué comeremos y qué vestiremos, cuando deberíamos buscar el reino de Dios y su justicia.

Recuerda su promesa de no dejarte ni abandonarte jamás. Este es el primer antídoto contra la preocupación.

Un Padre bueno

La primera lección aprendida del pasaje de Mateo 6:25-26 consiste en que si nos dejamos dominar por la fortaleza emocional de la preocupación, nos estamos olvidando de quién es nuestro Padre. Jesús nos recuerda que somos más valiosos que las aves y las flores.

En el versículo 24, Jesús acababa de decir: "Ninguno puede servir a dos señores; porque o aborrecerá al uno y amará al otro, o estimará al uno y menospreciará al otro. No podéis servir a Dios y a las riquezas". A continuación hace una transición y declara: "Por tanto os digo…".

Si el dinero es tu señor, te preocuparás por el dinero… o por su carencia. Si Dios es tu señor, el dinero no podrá serlo. De hecho, todo lo que te preocupa está usurpando el lugar de Dios como señor de tu vida.

Jesús puso la preocupación en perspectiva cuando preguntó: "¿Acaso con todas sus preocupaciones pueden añadir un solo momento a su vida?" (v. 27 NTV). La preocupación es como una mecedora: te da la impresión de estar moviéndote, pero no puede llevarte a ningún sitio. Si hacemos todo lo que podemos y le confiamos el resultado a Dios, es inútil preocuparnos. No es necesario estar en vela toda la noche preocupados, porque Dios vela por nosotros toda la noche.

> CUANDO PERMITIMOS QUE NOS DOMINEN LAS PREOCUPACIONES Y NOS IMPIDAN VIVIR COMO SUS HIJOS CONFIADOS, ESTAMOS INSULTANDO A DIOS.

Preocuparse es cuestionar la integridad de Dios. Jesús dijo que los gentiles —los que no conocían a Dios— se preocupaban por ciertas cosas. Los que tienen una relación con Él no deberían vivir o pensar como quienes no confían en Él. Cuando permitimos que nos dominen las preocupaciones y nos impidan vivir como sus hijos confiados, estamos insultando a Dios.

Lois y yo tenemos un lugar de descanso a donde nos gusta escapar del bullicio y de la vorágine de la vida de la ciudad. Cuando me despierto por la mañana en ese lugar, suelo escuchar desde mi ventana el canto de las aves. No tienen cuenta bancaria, fondos de inversión ni trayectoria profesional. Sin embargo, cantan llenas de paz y gozo. Así es una vida libre de preocupaciones.

¿Conoces a alguien que mantenga el comedero de pájaros lleno de alimento y no dé de comer a sus propios hijos? Yo tampoco. Dios alimenta a las aves, aunque no tengan valor eterno para Él. Pero tú eres tan valioso a sus ojos, que ha dado a su único Hijo para comprar tu salvación y tu redención del infierno.

Quizás te hayas criado en una situación en que tus necesidades no eran satisfechas, mientras que quienes te rodeaban lo tenían todo resuelto. O tal vez experimentaste la traición en una relación cercana o incluso en tu matrimonio. Las situaciones difíciles del pasado pueden provocar nuevos pensamientos de preocupación, temor y duda. Pero Jesús hizo una distinción: está aludiendo a tu Padre celestial, no a otras personas. Es un Padre *bueno*, que ha prometido no dejarte ni desampararte. Cuando recuerdas que Dios no es como cualquier padre imperfecto, estarás en el camino de victoria sobre la preocupación.

GRACIA PARA CADA DÍA

Hay dos días en los que no deberías pensar demasiado: ayer y mañana. Dios no quiere que nos preocupemos por el pasado ni por el futuro. Nos da su gracia para cada día. "Así que no se preocupen por el mañana, porque el día de mañana traerá sus propias preocupaciones. Los problemas del día de hoy son suficientes por hoy" (Mt. 6:34 NTV).

Había una vez un hombre cuya familia tenía antecedentes de cáncer, y empezó a preocuparse de que un día le dieran también a él tan temible diagnóstico. Se preocupó durante 30 años, ¡hasta que de repente murió de un infarto!

Amigo mío, la preocupación es una pérdida de tiempo; crea en ti un diálogo interno negativo que puede afectar a tus emociones y a tus actos.

¿Deberías preocuparte por tu salud? Sí. ¿Deberías esforzarte por comer saludable y hacer ejercicio? Sí. ¿Deberías administrar bien tu dinero? Sí. No obstante, preocuparte por este tipo de asuntos te impedirá disfrutar de lo que ya tienes. Y no cambiará ni un ápice tu situación.

Jesús nos avisó de cómo cuidarnos de la clase de preocupación que Él prohíbe: debemos cambiar nuestras prioridades. "Mas buscad primeramente el reino de Dios y su justicia, y todas estas cosas os serán añadidas" (v. 33). Cuando nos preocupamos, estamos buscando lo incorrecto, pero al buscar a Dios y su reino todo empieza a acomodarse.

La preocupación es una pérdida de tiempo.

Si tiendes a luchar con la fortaleza de la preocupación, intenta fabricarte una caja para las preocupaciones. Sencillamente, haz una ranura en la tapa de una vieja caja de zapatos. Cuando sientas la tentación de preocuparte, escribe el problema en una hoja de papel. Dile al Señor que crees que Él puede ocuparse de las preocupaciones que están en esa caja. Tú no puedes gestionarlas, pero sabes que Él sí puede. A continuación, dobla la hoja, déjala caer en la caja y entrégasela. Él promete proporcionarte una paz que solo Él puede dar, una paz que sobrepasa todo entendimiento.

¿Acaso la caja de preocupaciones hará desaparecer tus problemas? Probablemente no, pero te descargará de su peso y se transferirá a Dios. Él es bastante fuerte para llevar esa carga por ti. Permítele hacerlo, mientras oras algo parecido a esto.

Señor, estas son las cosas que más me preocupan ahora. Tú me has dicho que no me preocupe, pero necesito tu ayuda, que me quites estas preocupaciones y me des sabiduría de tu Palabra respecto a estas inquietudes. Enséñame. Guíame. Dirígeme. Condúceme. No puedo más con estas cargas, pero sé que tú sí. Libérame para que pueda gozarme en ti y en tu bondad en mi vida. Gracias, Padre. Confío en ti.

LA APROBACIÓN DE DIOS

Estados Unidos tiene un problema con el robo de identidad. La innovación tecnológica y las compras por Internet han agravado esta crisis. Algunos individuos usan el puntaje de crédito de otras personas y sus cuentas bancarias para simular ser quienes no son.

Algo similar sucede cuando nos preocupamos demasiado por lo que otros piensan de nosotros. Podríamos tratar de imitar a otras personas exitosas en vez de ser quién Dios ha diseñado que seamos. La preocupación por la aceptación de los demás es una de las mayores fortalezas que una persona tiene que vencer. La fortaleza de agradar a la gente puede desencadenar otros problemas, como el perfeccionismo, el trabajo excesivo y la obsesión por la imagen corporal. ¿Qué provoca las fortalezas de agradar a la gente?

Cuando el apóstol Pablo desafió a algunos líderes equivocados, dijo: "Pues, ¿busco ahora el favor de los hombres, o el de Dios? ¿O trato de agradar a los hombres? Pues si todavía agradara a los hombres, no sería siervo de Cristo" (Gá. 1:10). Pablo no quería vivir pendiente de la gente, sino de Dios. Nuestro objetivo principal debería ser agradar a Dios, no a los demás. Proverbios 29:25 declara: "El temor del hombre pondrá lazo; mas el que confía en Jehová será exaltado".

Satanás distorsiona nuestra necesidad legítima de aceptación y nos tienta a vivir tras la máscara de una falsa identidad. Algunos solo se sienten importantes cuando agradan a todos los que lo rodean. En un momento tratan de agradar a una persona y al siguiente intentan caerle bien a otra. Buscan personas que los inflen y los hagan sentir bien. Cuando están solos, se deprimen.

> ### NUESTRO OBJETIVO PRINCIPAL DEBERÍA SER AGRADAR A DIOS, NO A LOS DEMÁS.

Si te preocupa la opinión de los demás sobre ti, anímate. *Puedes* vencer esa fortaleza, pero solo si cambias tus prioridades. Cuando decidas que lo que Dios dice de ti importa más que lo que piensen los demás, dejarás de buscar la aprobación de la gente y empezarás a sentirte bien con el amor de Dios hacia ti.

Dios dice que ya eres aceptado, de modo que el beneplácito de los demás es un extra. Descansa en la aprobación y el cuidado de tu Padre. No desperdicies tu energía tratando de ganar los elogios de los demás. Eso te consumirá.

¿Vives pendiente de la aprobación de los demás? Recuerda que solo tienen un conocimiento limitado y unas emociones cambiantes. El Dios inmutable te ama con un amor eterno con el que puedes contar para siempre. Él te ha visto llorar descontroladamente, en tus días malos, recién levantada y sin maquillaje. Te ha escuchado despotricar y desvariar... y a pesar de ello te ama más de lo que se pueda expresar. Es un amor que vale la pena aceptar.

Dios sabe lo mejor para ti

Tal vez te identifiques con la historia de Ana, la madre de Samuel. Si alguien tenía motivo de preocupación, era ella. Ella era una de las dos esposas de Elcana. No podía concebir, mientras que Penina, la otra esposa, sí tenía hijos. Ten en cuenta que en el Israel antiguo, la capacidad de procrear era vital. Al envejecer, sus hijos cuidarían de ella. Ser estéril equivalía a una maldición. Ana se sentía avergonzada, y las palabras mordaces de Penina no ayudaban. "Y su rival [Penina] la irritaba, enojándola y entristeciéndola" (1 S. 1:6).

El dolor de Ana provocó su llanto y su desesperado clamor a Dios.

Elcana y su familia viajaban a Silo cada año para ofrecer sacrificio al Señor. Sin duda sería el día más triste del año para Ana; sin embargo, era fiel y seguía adorando al Señor y buscando su presencia.

¿Te has visto en una posición igual? Te preocupas, oras con desesperación... y nada cambia. Cada año, Ana acudía a Silo sin hijos. Cada año soportaba las mismas burlas, veía cómo las demás mujeres disfrutaban de sus hijos sabiendo que un día cuidarían de ella.

Seguramente, le asaltarían dudas en ese momento. ¿La seguiría amando Elcana? ¿Por qué no respondía Dios a sus oraciones? ¿Estaría condenada a verse desamparada cuando fuera anciana? Ella seguía confiando, creyendo y esperando, pero nada sucedía.

> ## DIOS HACE ALGUNAS DE SUS MEJORES OBRAS CUANDO PENSAMOS QUE NO ESTÁ HACIENDO NADA.

Ana perseveró en sus luchas y venció sus preocupaciones con oración y alabanza. Año tras año seguía confiando y creyendo que Dios obraría. Desde el principio, Él conocía su dolor y su anhelo, su silencio no significa falta de atención o de interés. Amigo, cuando Dios guarda silencio, no está quieto. Él hace algunas de sus mejores obras cuando pensamos que no está haciendo nada.

Dios estaba obrando en la vida de Ana, pero ella no lo sabía. La estaba preparando para que le devolviera precisamente aquello que más quería: su hijo. De haber respondido a sus oraciones al principio, después de tener a su hijo, Ana habría seguido su propio camino feliz. Pero Dios tenía un plan especial para su hijo Samuel. Sería un gran profeta. Sin embargo, la única manera de que Ana llegara a ese punto de entrega era por medio de su dolorosa esterilidad. Finalmente, Ana le prometió al Señor que le entregaría a su hijo si Él abría su matriz, y Él lo hizo. De hecho, Dios hizo mucho más.. Cuando Ana cumplió su voto y le entregó a Samuel, Dios le dio cinco hijos más (1 S. 2:21).

Amigo, si en este momento estás preocupado por algo, considera ir al Señor y entregarle ese problema. A menudo, Dios espera que confíes en Él antes de empezar a moverse. Esto se debe a que para Él es mucho más importante el cumplimiento de su propósito y su plan en tu vida, que concederte cada capricho. Él es un Dios sabio y misericordioso, que sabe qué es lo mejor para ti y tus seres amados.

NADA QUE TEMER

¿Has estado hace poco completamente solo en la oscuridad? Tu mente puede empezar a jugarte una mala pasada y, antes de que te des cuentas, se te ponen los pelos de punta.

Sin embargo, si tienes una linterna, tus temores desaparecen al instante, porque la luz expone la verdad acerca de la oscuridad. Revela que no hay nada que temer: tu inquietante imaginación creó algo de la nada.

En el Salmo 23, David escribió sobre un tiempo en que estaba seguro de perder la vida. Tuvo que andar "en valle de sombra de muerte" (v. 4). Sin embargo, no tenía miedo, porque sabía que Aquel que alumbra la situación más oscura caminaba junto a él en todo momento. David cambió su preocupación por fe.

Cuando las dificultades de tu vida te tientan para que te preocupes, acude al reconfortante e inagotable amor de Dios. Cuando te despiertes en la mitad de la noche y sientas susurrar al enemigo: *No lograrás superar este desafío*, recuerda la verdad de Dios: Cristo ha vencido, así que tú también eres un vencedor.

Proclama simplemente lo que sabes que es verdad. Arroja luz sobre las mentiras oscuras de Satanás.

> ## LA LUZ EXPONE LA VERDAD ACERCA DE LA OSCURIDAD. REVELA QUE NO HAY NADA QUE TEMER.

Básicamente, David declaró: "Aunque mi vida está en peligro, no temeré porque tú, mi Señor y Salvador, estás conmigo". Ninguna fuerza es mayor que Dios. Él te ama con amor íntimo y personal. A veces la vida puede tornarse oscura, pero la luz divina sigue brillando. Ninguna oscuridad de este universo es suficientemente fuerte para apagar la luz del amor de Dios. No tienes razón alguna de preocuparte, porque Dios está contigo…. siempre.

¿Has visto alguna vez a un perro que le ladra a todo, sea una amenaza o no? Tu cerebro puede ser así y señalar el peligro real o imaginario. Tu mente ha sido programada para responder así, y fue especialmente útil en tiempos de gran peligro, en los albores de la humanidad. Pero ahora, cuando aparecen estas señales de preocupación, es necesario que las evalúes y actúes en consecuencia. ¿El peligro es real o imaginario? Si no hay base auténtica para él, deséchalo. Déjalo de lado. Si no puedes actuar para aliviarlo, sencillamente piensa en otra cosa.

Por otra parte, algunas amenazas son reales como las que David afrontó en el valle de sombra y de

muerte. Pero tú puedes vencerlas al desechar tu preocupación y confiar en que Dios está contigo, que
tiene el control y que no tienes por qué temer. Como
David, pon tus ojos en Dios y observa cómo tus
temores se convierten en alabanza. David escribió
en el Salmo 34:3-5: "Engrandeced a Jehová conmigo,
y exaltemos a una su nombre. Busqué a Jehová, y él
me oyó, y me libró de todos mis temores. Los que
miraron a él fueron alumbrados, y sus rostros no
fueron avergonzados".

ORACIONES Y PRÁCTICAS

*Padre amado, concédeme serenidad para aceptar las cosas
que no puedo cambiar, valor para cambiar las que puedo
cambiar y sabiduría para saber cuál es la diferencia.
Ayúdame a vivir en el presente y a no preocuparme por
el futuro. Cuando mi mente empiece a divagar donde
no debe, tráeme de vuelta al presente. Libérame de la
carga de la preocupación y aumenta mi fe en ti.*

Necesidades y peticiones de oración

_____

_____

_____

_____

_____

_____

Mi propia oración

_____

_____

_____

_____

_____

_____

Pasos prácticos

1. Piensa en un problema que le preocupe a un amigo o un miembro de tu familia. En una columna escribe qué piensan, cómo se sienten, cómo actúan y el resultado potencial. En otra columna y respecto al mismo problema, anota tus propios pensamientos, sentimientos, actos y el resultado potencial. Observa cómo pueden incidir los pensamientos en los resultados. Ahora aplica esto a algo que te preocupe: compara tus pensamientos, sentimientos, actos y los resultados potenciales con la de quienes no luchan en este ámbito.

2. Practica respirar con calma. La respiración tiene mucho más poder del que la mayoría de nosotros imaginamos. Las mujeres han parido sin medicación, dominando simplemente el arte de la concentración y la respiración. Respirar hondo puede disminuir la presión arterial, equilibrar los niveles de pH y reducir la cantidad de cortisol del cuerpo. Por ello escucharás con frecuencia la indicación de "respirar hondo" a alguien que se esté alterando. Intenta practicar la respiración profunda con regularidad, y te acostumbrarás a

usar este método para vencer la preocupación cuando te asalte.

3. Evalúa tus pensamientos preocupantes. Si un pensamiento no es productivo ni plausible, escríbelo y colócalo en la caja de las preocupaciones que confeccionaste a principios de la semana. Ora al Señor para que se encargue de ello y te dé su perspectiva sobre el asunto.

LA DESESPERANZA

Día 22

LA ESPERANZA PUEDE CAMBIARLO TODO

Un hombre entró a su casa abruptamente y le dijo a su esposa:

—¡Tenemos un grave problema!".

Con calma, ella le preguntó:

—¿Cuál?

—Hay agua en el carburador del auto y no va a arrancar —respondió él.

—¿Agua en el carburador? —ella hizo una pausa… su esposo siempre llevaba el auto al taller mecánico cuando necesitaba una reparación—. Cariño —dijo suavemente—, desconocía que supieras lo que es un carburador. ¿Cómo estás seguro de que tiene agua?

Con aire de impotencia, el esposo contestó:

—Porque el auto está dentro de la piscina.

Quizás no hayas experimentado nunca algo tan drástico, pero estoy seguro de que te habrás enfrentado a una situación desesperada parecida. Probablemente te dieron ganas de darte por vencido, tal vez en una situación, un empleo, una relación… o incluso contigo mismo. Todos tenemos momentos de impotencia. Pero cuando los pensamientos pesimistas se adhieren a nosotros y se convierten en nuestra forma de pensar habitual, se trata de una fortaleza.

Si estás así en este momento, recuerda el mensaje de la cruz. Las cosas pueden parecer desesperadas (y no se me ocurre nada más desesperanzador que la muerte del Hijo de Dios en la cruz), pero Dios puede devolverte lo que hayas perdido. Cuando tu esperanza está en Él, Él puede invertir tu situación.

Con esperanza puedes llegar lejos en la vida. Cuando sientes que no te queda nada más, la esperanza te ayudará a atravesar cualquier dificultad. Como creyentes, tenemos una tremenda razón para confiar. Estamos seguros del amor de Dios por nosotros, y Él lo ha hecho todo en su infinito poder para que ese amor esté disponible en cualquier momento y lugar. Hasta puso a su Hijo en la cruz para que pudiera darnos esperanza. Lo único que tenemos que hacer es pedirle que nos dé la esperanza que necesitamos. Él comprende las presiones que sentimos y sabe exactamente qué necesitamos. Pero el primer paso para una esperanza vencedora es identificarnos con Cristo y permanecer en Él: "Cristo en vosotros, la esperanza de gloria" (Col. 1:27).

¿Se caracteriza tu vida por las luchas o por la esperanza? Fíjate cómo se refiere David a sus errores pasados y a las pruebas que una vez atravesó. "Jehová Dios mío, a ti clamé, y me sanaste... Me diste vida, para que no descendiese a la sepultura. Cantad a Jehová, vosotros sus santos, y celebrad la memoria de su santidad. Porque... Por la noche durará el lloro, y a la mañana vendrá la alegría" (Sal. 30:2-5). David sabía lo que era llorar, pero también conocía la esperanza.

> ## LAS COSAS PUEDEN PARECER DESESPERADAS, PERO DIOS PUEDE DEVOLVERTE LO QUE HAYAS PERDIDO.

Si estás luchando con una situación que parece no tener esperanza, no estás solo. Cristo, tu Salvador, está justo a tu lado. Cuando ores, abre tu corazón a su Palabra y escucha cómo te consuela dándote esperanza.

Nada de lo que afrontamos supera su capacidad de sanar y restaurar. No tires nunca la toalla. A veces, nuestro progreso se demora, porque Dios está esperando ver si acudiremos a Él o si seguiremos tratando de resolver nuestra situación solos, si de alguna forma sacamos el auto de la piscina. Pero cuando ponemos nuestra esperanza en Dios, Él se mueve en nuestra vida de un modo poderoso. Confía en Él. El mismo Dios que levantó a Jesús de la tumba puede resucitar todo lo que haya muerto en tu vida. La esperanza puede cambiarlo todo.

LAS PRUEBAS

A menudo oigo decir: "Dios no me probará más de lo que puedo soportar".

Desacreditemos este mito ahora. En 2 Corintios 1:8, Pablo escribió: "Porque hermanos, no queremos que ignoréis acerca de nuestra tribulación… pues fuimos abrumados sobremanera más allá de nuestras fuerzas, de tal modo que aun perdimos la esperanza de conservar la vida".

Pablo pasó por todo tipo de situaciones intolerables. Y sin haber hecho nada para causarlas. De hecho, había seguido la dirección de Dios hasta un lugar de desesperación. Si hoy te sientes así, estás en buena compañía.

A veces Dios permite situaciones dolorosas en tu vida para cumplir su propósito superior en ti o para llamar tu atención. Él quiere que conozcas el poder de vivir en total dependencia de Él para que puedas cumplir todo lo que tiene para ti.

Pablo revela este mismo principio clave en su siguiente declaración. "Pero tuvimos en nosotros mismos sentencia de muerte, para que no confiásemos en nosotros mismos, sino en Dios que resucita

a los muertos… *en quien esperamos que aún nos librará"*
(vv. 9-10).

> DIOS QUIERE QUE CONOZCAS
> EL PODER DE VIVIR EN TOTAL
> DEPENDENCIA DE ÉL PARA
> QUE PUEDAS CUMPLIR TODO
> LO QUE TIENE PARA TI.

Con el fin de llevarlo a una fe más profunda,
Dios puso a Pablo en una situación donde sus cre-
denciales, sus capacidades y sus contactos carecían
de utilidad. ¿Por qué? Para que aprendiera a confiar
en Dios a un nivel más profundo. Lo mismo sucede
con la desesperanza. No hay dinero en tu cuenta
para comprar tu salida de esa situación. No puedes
evadir la realidad por medio de la bebida, la comida
o las drogas, mediante el razonamiento ni con un
subidón de adrenalina. Cuando cada uno de esos
mecanismos de placer momentáneo disminuye, te
percatas de que la situación no ha mejorado. La esperanza solo viene de confiar en que Dios es soberano
y que te empoderará para atravesar el desorden de
tu pasado, el caos de tu presente y entrar en un
mañana productivo.

Sin embargo, ten presente que las pruebas, las
ofensas o el dolor no son lo que te hacen madurar;
tu confianza en Dios en medio de cada situación
es la que marca la diferencia. Cuando confías en Él

en medio del dolor y alineas tu corazón, tus actos y tus pensamientos con su Palabra y sus verdades, descubres el significado más profundo subyacente al dolor.

Cuando albergamos desesperanza y duda, y cuestionamos el dolor que Dios permite en nuestra vida, no sacamos provecho de la prueba. Truncamos nuestro desarrollo y frustramos el proceso de crecimiento. Por otra parte, crecemos y maduramos espiritualmente cuando perseveramos en medio del dolor. Es entonces cuando nuestros músculos espirituales se fortalecen suficientemente para vivir la vida de fe a la cual Dios nos ha llamado en Jesucristo.

LA FIDELIDAD
DE DIOS

La esperanza puede llevarte lejos. Cuando aconsejo a personas que luchan con fortalezas emocionales, verifico su nivel de esperanza. Si la han perdido, no les queda nada. Esperanza es creer que mañana será un día mejor.

Los salmistas conocían el poder de la esperanza cuando la vida parecía desesperada. El Salmo 42:1 dice: "Como el ciervo brama por las corrientes de las aguas, así clama por ti, oh Dios, el alma mía". Si no seguimos leyendo, todo parece bien. Pero no. El versículo 3 dice: "Fueron mis lágrimas mi pan de día y de noche". Amigo, cuando tus lágrimas son tu pan de día y de noche quiere decir que sufres desesperanza y desesperación. El salmista está deprimido y su alma desalentada.

Sin embargo, en su desesperación recuerda al Señor. "Pero de día mandará Jehová su misericordia" (v. 8). Dios no lo ha hecho todavía, pero el salmista está seguro de que lo hará, y habla consigo mismo. Escribe para sí, lleva un diario sobre su fe en Dios.

Cuando la vida se derrumba a tu alrededor,

cuando tus amigos no te hablan o te recalcan tus
errores, tienes que hablar contigo mismo. Mírate al
espejo y repite las verdades de Dios. Escribe notas y
colócalas en lugares donde las puedas ver. Anímate.
Es lo que hizo el salmista.

> # SI PONES TU ESPERANZA EN DIOS, ÉL PUEDE TOCAR TU CAOS Y HACER UN MILAGRO.

Él se preguntó: "¿Por qué te abates, oh alma mía, y
por qué te turbas dentro de mí? —no niega su dolor
ni lo evita, sino que se enfrenta a ello y se dice lo
que debe hacer: "Espera en Dios; porque aún he de
alabarle, Salvación mía y Dios mío" (v. 11).

¿Qué cambió los desesperanzados y desalenta-
dos sentimientos del salmista? Miró en otra dirección. Consideró lo que Dios iba a hacer, aunque
no pudiera verlo de momento. En otras palabras,
miró por fe.

La fortaleza emocional de la desesperación, la
depresión o la desesperanza se vence pasando rápi-
damente por los momentos difíciles. Mirando más
allá del final, hacia el lugar donde rindes tus pensamientos al amor, la gracia y la fidelidad de Dios.

Cuando actúas así, la situación dolorosa ya no
se apoderará de ti. Aquello que va mal no tendrá la
última palabra. Recuerda que Satanás, el médico,
tu empleo, tus amigos o tu cónyuge pueden tener

algo que decir… pero Dios siempre tiene la última palabra.

En Lamentaciones 3, Jeremías estaba prácticamente deprimido, pero en vez de regodearse en su desdicha, recordó a Dios. Cuando empezó a orientar sus pensamientos hacia la bondad de Dios —a pesar de no poder verla en ese momento—, comenzó a sentirse de otro modo respecto al caos en el que se encontraba. De hecho, en Lamentaciones 3:18, Jeremías nos hace saber que ha perdido toda esperanza. Sin embargo, vemos que la recupera cuando vuelve a dirigir sus pensamientos hacia Dios.

"Acuérdate de mi aflicción y de mi abatimiento, del ajenjo y de la hiel; lo tendré aún en memoria, porque mi alma está abatida dentro de mí; esto recapacitaré en mi corazón, por lo tanto esperaré. Por la misericordia de Jehová no hemos sido consumidos, porque nunca decayeron sus misericordias. Nuevas son cada mañana; grande es tu fidelidad. Mi porción es Jehová, dijo mi alma; por tanto, en él esperaré" (Lm. 3:19-24).

Amigo, si pones tu esperanza en Dios, Él puede tocar tu caos y hacer un milagro. Él promete: "No se avergonzarán los que esperan en mí" (Is. 49:23). Dios puede hacer más que sacarte de tu esclavitud emocional. Hasta puede hacer que olvides lo terrible que fue.

Tu desesperanza puede parecer apabullante y quizás te preguntes cómo llegarás a vencerla. Pero si actúas como Abraham, que "creyó en esperanza contra esperanza" (Ro. 4:18), Dios honrará tu confianza. Él puede cambiar, y cambiará, tu dolor emocional en ganancia victoriosa.

EL CENTRO DE LA TORMENTA

A veces, seguir a Jesús puede llevarnos directamente al centro de la tormenta de la desesperanza. Es lo que les sucedió a los discípulos en el Mar de Galilea. Se estaban limitando a obedecer lo que Jesús les había dicho que hicieran y acabaron en una de las peores noches de sus vidas. "En seguida Jesús hizo a sus discípulos entrar en la barca e ir delante de él a la otra ribera" (Mt. 14:22).

Los discípulos solo estaban siendo obedientes, pero el viento empezó a azotar la barca y amenazaba con destruirlos. "Y ya la barca estaba en medio del mar, azotada por las olas; porque el viento era contrario" (v. 24).

¿Te has sentido alguna vez sacudido o vapuleado aunque estabas haciendo exactamente lo que creías que Dios te había ordenado? Yo sí. Me gustaría decirte que cuando sigues a Jesús, no tendrás que enfrentarte a más tormentas. Pero la Biblia está llena de historias de personas que afrontaron adversidades mientras hacían exactamente lo que Dios quería.

Cuando los israelitas abandonaron Egipto y

llegaron al Mar Rojo, Faraón y su ejército estaban tras ellos. Kilómetros del mar se extendían frente a ellos. Estaban atrapados aun habiendo ido donde Dios los mandó. Como tantos otros a través de los siglos, descubrieron que puedes estar de lleno en la voluntad de Dios y todavía verte atascado en una situación aparentemente desesperanzada.

Sin embargo, Dios estaba con ellos. Cuando estás en la prueba o en una situación que parece sin esperanza, no pienses jamás que Dios está ausente o que su propósito no se cumplirá. Está contigo y cumplirá su propósito en ti. Tiene una razón para permitir tormentas en tu vida. A veces permite las pruebas para revelarse a nosotros de una manera nueva. Pero el beneficio recibido de esas pruebas depende, ampliamente, de cómo las veamos y respondamos a Dios en medio de ellas.

> La Biblia está llena de historias de personas que afrontaron adversidades mientras hacían exactamente lo que Dios quería.

Estar sumido en la prueba nunca es divertido, pero no tienes que atravesarla solo. La recesión puede presionar tu vida financiera. Quizás hayas perdido tu empleo sin cometer ninguna falta. O tal vez esas presiones hayan aumentado la tensión en tu hogar y te estás enfrentando a una tormenta en tu matrimonio o con tus hijos.

Cualquiera que sea el ámbito o la naturaleza de tu tormenta, no estás solo. Jesús está contigo y te ayudará a sobrellevarla. Escucha su voz. Búscalo. Si tus problemas te producen sensación de ahogo, recuerda que tu Salvavidas camina sobre el agua.

EL CAMINO HACIA LA SANIDAD

La desesperanza suele llegar cuando sentimos que hemos tocado fondo. Pero como siempre me gusta señalar, Dios puede permitirlo para que descubramos que Él es la Roca. La desesperanza surge a menudo en tiempos de dificultades, derrota y desaliento. Esos momentos son dolorosos, pero necesarios a veces. El Señor usa nuestro sufrimiento para despojarnos de nuestra autosuficiencia, fortalecernos y ayudarnos a crecer.

Amigo, no deberíamos huir de las dificultades ni ignorar las lecciones por aprender. Reconozco que las pruebas no son agradables. No causan felicidad. Pero si cooperamos con la obra que Dios está haciendo en nosotros, las pruebas producirán en nosotros una vida mejor de lo que pudiéramos imaginar. Jesús dijo: "Bienaventurados los pobres en espíritu, porque de ellos es el reino de los cielos" (Mt. 5:3). Los quebrantados de espíritu serán bendecidos, porque experimentarán la vida del reino de una forma especial. Experimentarán la presencia de

Dios que fluye a través de sus vidas de una manera excepcionalmente personal.

Las Escrituras prometen que Dios permanece cerca de los quebrantados y los hace más fuertes que antes. El Salmo 38:18 dice: "Cercano está Jehová a los quebrantados de corazón; y salva a los contritos de espíritu". Isaías 61:3 nos enseña que Dios da a los afligidos "gloria en lugar de ceniza, óleo de gozo en lugar de luto, manto de alegría en lugar del espíritu angustiado; y serán llamados árboles de justicia, plantío de Jehová, para gloria suya".

Todos hemos visto un mueble restaurado. Restaurar implica eliminar la pintura o el barniz viejo con químicos potentes. Esto revela todos los desperfectos y arañazos de la madera. A continuación se lija la madera para alisar sus imperfecciones, y el mueble queda ya en condiciones de recibir una nueva capa de tinte o pintura. Está listo para un nuevo aspecto.

Un mueble viejo puede recibir nueva gloria. Y Dios puede hacer lo mismo contigo. Puede poner nueva gloria en tu vieja vida, pero primero tiene que quitar las manchas y lijar las partes ásperas para llevarte a un estado de pureza y de dependencia de Él.

El Señor anhela bendecirte, pero también quiere transformarte y restaurarte. A veces el mejor camino hacia la sanidad implica aceptar el dolor, con la confianza de que Dios está buscando tu mayor bien. Así como un atleta soporta dolorosos ejercicios para alcanzar el siguiente nivel, a menudo Dios usa el dolor en nuestra vida para hacernos más fuertes.

Agradécele hoy a Dios lo que está haciendo a

través de las pruebas a las que te enfrentas. Quizás no estés preparado para darle gracias por las pruebas en sí, pero puedes mostrar tu gratitud por el beneficio que te están proporcionando. Hazlo aunque no te apetezca y cualquiera que sea tu medida de fe ahora mismo.

LOS PROPÓSITOS
DE DIOS

Existes para Dios. Eres su creación especial. Te formó, porque te ama. Te levantas cada mañana para cumplir el propósito que Dios tiene para ti. Y es un propósito grandioso, maravilloso. De hecho, según Jeremías 29:11, *Dios tiene un plan bueno para ti.*

El Dios que te ha creó para sí no se ha equivocado nunca. Su plan para ti no tiene errores. Sí, has soportado pruebas. Y vendrán más en los próximos años. Pero Dios promete que si lo amas, te acercas a Él y experimentas su presencia, todas esas pruebas difíciles te ayudarán para bien.

La Palabra de Dios afirma: "Antes, en todas estas cosas somos más que vencedores por medio de aquel que nos amó" (Ro. 8:37). Solemos pasar por alto la palabra más importante de este versículo. Debo de haber predicado un centenar de veces sobre este versículo en los pasados 40 años; sin embargo, hasta hace poco nunca noté esa palabra. Estaba aplicando este pasaje a mi propia vida recientemente, y Dios parecía destacar esa palabra con un marcador amarillo y darle vida.

Quizás te parezca que la palabra más importante es "vencedores", pero yo creo que no. En realidad, yo diría que la palabra más importante es "por". Con frecuencia creemos que Dios prometió guardarnos *de* dificultades en la vida y, cuando no lo hace, nos desalentamos.

No obstante, Dios nunca prometió librarnos *de* todas las cosas, sino que *"en* todas estas cosas" venceremos de forma aplastante. Recibiremos los beneficios y las bendiciones que solo llegan a través de nuestra profunda y significativa experiencia de Él.

> ## CAMBIA DE PERSPECTIVA Y CAMBIARÁS TU VIDA.

Amigo, este poderoso principio ha reconfortado y fortalecido mi corazón, y quiero que haga lo mismo con el tuyo. La vida es demasiado importante y corta para que te pierdas todo lo que Dios tiene para ti. Pero esto es precisamente lo que sucede cuando nos centramos en el desastre y no en la verdad de la Palabra de Dios. Él nunca prometió protegernos de los problemas, sino hacernos victoriosos para que venzamos de forma aplastante *en medio de* ellos. Cambia de perspectiva y cambiarás tu vida.

Jeremías vivió así. Si alguien tenía motivos para caer en una crisis emocional, era él. Su ciudad estaba destruida, su pueblo se desintegraba, su futuro parecía desalentador. A pesar de todo, él alabó la fidelidad de Dios.

Tú también puedes alabarle, porque vencerás de forma aplastante en tu situación actual con solo recurrir a Dios como tu fuente y tu fuerza. Pídele que llene tu corazón con la confianza de que quienes esperan en Dios jamás serán avergonzados (Sal. 25:3 NVI). En otras palabras, espera en Dios, y nunca te arrepentirás de haberlo hecho.

ORACIONES Y PRÁCTICAS

Padre amado, quiero esperar en ti. Creo en ti; ayuda mi incredulidad. Háblame y ayúdame a oír y discernir tu voz. Revive mi esperanza y ayúdame a ver tu presencia y control en mi vida. Dame un vislumbre de esperanza donde no la hay. Cuando sienta la tentación de abandonar, ayúdame a comprometerme de nuevo... en mi matrimonio, en el trabajo, en mis relaciones o en cualquier otra lucha. Muéstrame qué pasos debo dar para volver a tener esperanza y empezar de nuevo.

Necesidades y peticiones de oración

_____

_____

_____

_____

_____

_____

Mi propia oración

_____

_____

_____

_____

_____

_____

Pasos prácticos

1. Haz el esfuerzo deliberado de caminar, de tres a cinco veces a la semana, durante veinte minutos como mínimo. Si no puedes, apúntate a un gimnasio y haz ejercicios durante el mismo lapso de tiempo. Es sorprendente cómo cambiar tu perspectiva cuando tu cuerpo está más sano y activo. Lo mismo sucede con la alimentación: procura comer alimentos que contribuyan a tu bienestar y lucidez mental en vez de alimentos procesados y comida basura que pueden lastrarte. Compra un exprimidor económico y acostúmbrate a beber alimentos que estabilicen el cerebro, como la espinaca, las fresas y el ananá o piña.

2. Recuerda que tus problemas no se resolverán de la noche a la mañana. Muchas veces, Dios nos hace atravesar épocas de pruebas (que yo llamo desiertos) para fortalecer nuestra fe. Cuando tus problemas no desaparecen simplemente, aprende a esperar bien y...

- declara la fidelidad de Dios con tus palabras, tus pensamientos y tus acciones;

- pasa tiempo con Él en oración y adoración;

- resiste a la tentación de quejarte, murmu-
  rar, lamentarte y recurrir a la pereza o a
  los excesos.

3. Decide deliberadamente memorizar versículos de las Escrituras que hablen de la
   esperanza. Ten a mano esa lista y memoriza
   sistemáticamente esas verdades bíblicas.
   Repítelas en voz alta. Ponles tu nombre o
   decláralas en primera persona cada vez que
   puedas. Por encima de todo, confía en la verdad de Dios.

CONCLUSIÓN

¡REMONTA EL VUELO!

Érase una vez un huevo de águila que cayó del nido y rodó por la ladera de la montaña hasta detenerse por fin en medio de una granja de pavos. Todavía un poco mareado, un aguilucho bebé rompió la cáscara, salió y miró al mundo grande y ancho a su alrededor.

Naturalmente, la pequeña criatura no tenía ni idea de que era un águila. Con el tiempo, concluyó que tan solo era un pavo flacucho y de aspecto divertido. Pronto empezó a adoptar los gestos de quienes lo rodeaban. Picoteaba semilla en el granero, movía la cabeza como el que más y hasta se las ingenió para emitir un lastimoso glugluteo de vez en cuando.

Un día, una bandada de águilas sobrevoló el lugar. El joven aspirante a pavo las miró con nostalgia, admirando su elegante vuelo. Mientras las observaba volar, uno de los pájaros miró hacia el corral con su aguda visión de águila, sin poder creer lo que veía. Descendió en picado, aterrizó junto al joven aguilucho y le preguntó:

—¿Qué estás haciendo aquí?

—Nací aquí —contestó el jovencito—. Este es mi hogar.

El gran águila imperial respondió bruscamente:

—Tal vez hayas nacido aquí, pero tu hogar está en el cielo. ¿No sabes quién eres? ¡Despliega esas alas y vuela!

En efecto, el joven aguilucho extendió sus alas. Una oleada de emoción recorrió su cuerpo cuando sintió que se elevaba hacia el cielo. Cuando levantó el vuelo, uno de los pavos lo vio y le dijo: —¿A dónde vas?

—Me voy a ser quien debo ser —respondió. De repente, remontó vuelo hacia las nubes.

• • •

Dios te creó para ser un águila y remontar el vuelo en el viento del Espíritu Santo. Él te dio alas bastante fuertes para llevarte, firme y seguro, por las tormentas de la vida. Te dio una visión aguda capaz de enfocarte claramente en su perspectiva divina.

Qué trágico es conformarse con ser un pavo cuando nos espera el cielo abierto. Sin embargo, es exactamente lo que sucederá si sigues en esa esclavitud emocional. En vez de vivir una vida de derrota, controlada por tus pensamientos y hábitos perturbadores, ¿no ha llegado el momento de vivir según lo que Dios dice sobre ti? Él afirma que tienes un futuro lleno de esperanza. Declara que te ha creado de un modo formidable y maravilloso, que eres un ser amado, victorioso y que puedes vencer y aplastar todo lo que te depare la vida. Confirma que eres suyo y que nunca te desamparará.

Amigo, que tus días futuros sean mucho mejores

que los pasados, y conforme aprendes y aplicas las verdades de Dios, que ellas te proporcionen las alas para volar alto.

¡GANA LA VICTORIA!

L a mayoría de las personas nacidas durante el *baby boom* recuerdan a Popeye el marino. Solía ser víctima del maltrato de Brutus, el matón que trataba de complicarle la vida. Una de sus tretas favoritas era robarle a su novia Olivia.

Brutus andaba siempre golpeando a Popeye. Finalmente, cuando el pobre ya no aguantaba más, agarraba una lata de espinacas. Cuando la abría y se tragaba el contenido, las cosas cambiaban al instante. Las espinacas hacían fuerte a Popeye, tanto que Brutus pasaba a ser la víctima y dejaba de ser el vencedor. Ahora estaba sujeto a la nueva infusión de poder de Popeye y, al menos por un tiempo, este lo dominaba. Sin embargo, sabías que en el siguiente episodio de la serie, Popeye volvía a perder con Brutus hasta que agarraba otra lata de espinacas.

Muchas personas son golpeadas con regularidad por su propio Brutus: las circunstancias u otras personas que les causan dolor. Tal vez sufras bajo el peso de la preocupación, el estrés o la desesperanza. Algunos días, la aflicción y el sufrimiento parecen no tener fin. Sin embargo, espero que durante estos 30 días que hemos compartido hayas aprendido algunas verdades y principios poderosos, que te ayudarán a sobrellevar las cargas de la vida. Utiliza las respuestas saludables aprendidas en vez de abrir una botella de alcohol, tomar sustancia química o emplear cualquier otra forma dañina de enfrentarte al dolor. Esas cosas solo proporcionan un alivio temporal, pero Dios puede hacer de ti un vencedor permanente.

> ## DIOS PUEDE HACER DE TI UN VENCEDOR PERMANENTE.

Depender de cualquier cosa que no sea Cristo añade inestabilidad y desesperanza (y quizás adicción y codependencia) a la raíz original del problema.

Jesús sabía que afrontarías estas cargas y estrés, lo que te sucedería. Lo vio todo, y conoce el potencial que todo ello tiene para abrumarte y hacerte retroceder por el temor y la esclavitud emocional. Por eso te ha dado estas palabras compasivas que te ayuden a ganar tu victoria sobre las fortalezas emocionales.

"Venid a mí todos los que estáis trabajados y cargados, y yo os haré descansar. Llevad mi yugo sobre vosotros, y aprended de mí, que soy manso y humilde de corazón; y hallaréis descanso para vuestras almas" (Mt. 11:28-29).

¿Oyes su voz? Te está pidiendo que vayas, que tomes su yugo y que descanses.

¿Lo harás?

E D I T O R I A L
PORTAVOZ

NUESTRA VISIÓN

Maximizar el efecto de recursos cristianos de calidad que
transforman vidas.

NUESTRA MISIÓN

Desarrollar y distribuir productos de calidad —con
integridad y excelencia—, desde una perspectiva bíblica y
confiable, que animen a las personas a conocer y servir a
Jesucristo.

NUESTROS VALORES

*Nuestros valores se encuentran fundamentados en la
Biblia, fuente de toda verdad para hoy y para siempre.
Nosotros ponemos en práctica estas verdades bíblicas como
fundamento para las decisiones, normas y productos de
nuestra compañía.*

Valoramos la excelencia y la calidad
Valoramos la integridad y la confianza
Valoramos el mérito y la dignidad de los individuos
y las relaciones
Valoramos el servicio
Valoramos la administración de los recursos

Para más información acerca de nuestra editorial y los
productos que publicamos visite nuestra página en la red:
www.portavoz.com